서옹스님의
임제록 연의

서옹스님의
임제록 연의

초판 1쇄 2012년 5월 25일
　2쇄 2020년 8월 20일

지은이 서옹스님
펴낸이 설웅도　편집주간 안은주
영업책임 민경업

펴낸곳 아침단청

출판등록 2011년 3월 28일(제2011-15호)
주소 서울시 강남구 테헤란로78길 14-12(대치동) 동영빌딩 4층
전화 02-466-1283　팩스 02-466-1301

문의(e-mail)
편집 editor@eyeofra.co.kr
마케팅 marketing@eyeofra.co.kr
경영지원 management@eyeofra.co.kr

ISBN : 978-89-966220-3-1 03220

이 책의 저작권은 저자와 출판사에 있습니다.
저작권법에 따라 보호를 받는 저작물이므로 무단전재와 복제를 금합니다.
이 책 내용의 일부 또는 전부를 이용하려면 반드시 저작권자와 출판사의 서면 허락을 받아야 합니다.
잘못 만들어진 책은 구입처에서 교환해드립니다.

서옹스님의
임제록 연의

동양 최고의 선지식,
서옹스님이 강설하고 찾어한 이 시대 최고의 불서

아침단청

서문

 장하고 위대합니다. 모든 사람은 누구든지 본래 차별 없는 참사람입니다.
 이 참사람은 어떤 것입니까?
 참사람은 눈 깜짝하지 아니하되 본래 선과 악, 또는 이성을 초월하여 생사도 없습니다. 시간과 공간이 거기에는 존재하지 아니합니다. 근본 원리라든지 신이라든지도 있을 수 없습니다. 부처도 없습니다. 여기에는 무한한 자기부정만이 지속합니다.
 그러면 이 참사람은 죽은 것이나 다름이 없는 것일까요. 그렇지 아니합니다. 참사람은 손가락 끝도 까닥하지 아니하되 본래 공간적으로 무변(無邊)하게 세계를 형성하고 시간적으로 무한히 역사를 창조합니다. 감성과 이성과 영성(靈性)으로 문화와 역사를 창조합니다. 중생과 부처도 만듭니다. 지혜와 자비가 충만한 불국토를 건설합니다. 그러므로 무한히 자기실현을 하고 무한히 자기창조를 합니다.
 그러나 참사람은 실로 모든 것을 창조하는 것도 아닙니다. 그렇다고 해서 모든 것을 파괴하는 것도 아니어서 필경에 어디에나 걸리지 아니합니다. 또한 참사람은 일정한 법칙에 얽매이지 아니합니다. 그래서 여러 가지 몸으로 어느 곳에서나 자유자재하게 나투어서 활동합니다. 임제록은 모든 사람의 절대현재의 참 모습인 참사람을 밝힌 것입니다.

  우리는 실로 이 참사람까지도 우주 밖으로 추방함으로써 자유자재하게 사는 길이 열리는 것입니다.

  과연 이렇다 하더라도 벌써 제 이월(第 二月)에 떨어진 것이 됩니다.

  그러면 어떤 것이 제 일월(第 一月)입니까?

  할(喝), 일할.

불기 2518년 10월 가을

서옹 식識

재판서문

임제대선사는 조사(祖師) 중의 조사로서 선종역사상에서 가장 으뜸이신 명안대종사이다. 그러나 임제 노한(老漢)의 낙초(落草) 자비심으로 자손을 위하여 횡설수설하신 것은 진흙 속에 빠져서 허우적거리는 꼴이니 차마 무엇이라 말할 수가 없다.

여기에 번역을 하고 착어를 하는 것은 말할 수 없는 철면피로서 도무지 부끄러움을 모르는 짓이라고 말하지 아니할 수 없다. 참으로 죄과가 하늘에 가득하다 하겠다. 비록, 그러하나 시비 속에서 자유자재하게 행동하여 어디에나 자취 없어 불조(佛祖)도 엿볼 수 없으니 또한 천하 사람들이 어찌하겠느냐.

또한 현대의 지말적(枝末的) 과학문명은 인류존망의 위기를 맞게 되었다. 이것을 구제하는 길은 인간의 근원과 전체를 해결한 선(禪)의 바탕에서 과학문명을 다시 창조하는 수밖에 없다고 생각한다.

그래서 전에 착어했던 것을 보완해서 임제록을 재판하게 되었다.

불기 2533년 11월 30일
서옹 식識

『서옹 큰스님 탄신 100주년 기념판』을 내며

향상(向上)의 한길은 천 분의 성인도 전하지 못하고 말하지 못한다. 명상(名相)과 문자(文字)를 떠났으니 그 무엇도 붙을 수 없다. 서옹 대종사께서 개탄하여 말씀하되, "안팎의 어록들이 수백 수레이지만 오직 임제록만이 그 중에 뛰어나서 어록 중에 왕이다."라고 하였다.

마침 선사께서 봉암사 조실로 계실 적에 수좌들의 청에 따라 임제록을 제창하시고 그 뜻을 해석하여 연의(演義)하였고, 어록 한 구절마다 착어(着語)를 붙였는데 묘리(妙理)는 고금에 뛰어나고 지혜는 여러 사람을 벗어났으니 후학들의 지남(指南)이 되었다. 섶을 쪼개는 도끼가 있고 밤을 비추는 구슬이 있으니 어찌 다만 그 때 일문(一門)의 보배만으로 그치겠는가. 실로 수행자들에게 공증된 보배 중의 보배이다.

대종사 탄신 100주년을 기념하여 이것을 새겨, 세상에 남겨 수행자들의 길잡이가 된다면 이보다 다행한 일은 없을 것이다.

悟道訟 1967년 백양사 극락교를 건너며 확철대오하신 후 지으시다

象王嚬呻獅子吼하니 閃電光中辨邪正이로다.
淸風凜凜拂乾坤이니 倒騎白丘出重關이로다.

상왕은 위엄을 떨치며 소리치고 사자는 울부짖으니
번쩍이는 번갯불 가운데서 사와 정을 분별하도다.
맑은 바람이 늠름하여 하늘과 땅을 떨치는데
백악산을 거꾸로 타고 겹겹의 관문을 벗어나도다.

불기 2556년 11월 23일
고불총림 백양사

차례

서문 ·· 5
재판서문 ····································· 7
『서옹 큰스님 탄신 100주년 기념판』을 내며 ········· 8

제1장 解題

선(禪)과 현대문명 ······················· 19
임제스님의 수학(修學)과 사상 ·········· 31
임제스님의 발심(發心) ·················· 33
대의단(大疑團) ·························· 34
돈오돈수(頓悟頓修) ····················· 36
참사람(眞人) ···························· 39
근원적 주체성 ··························· 42
참사람(眞人)은 절대현재(絶對現在) ····· 44
소소영영(昭昭靈靈)에 대해서 ··········· 46
임제스님의 소소영영 ···················· 48
임제스님의 할(喝) ······················· 50
참사람(眞人)의 작용 ···················· 52
참사람(眞人)과 범신론(汎神論) 및 신비주의 ···· 56
鎭州臨濟禪師語錄序 ···················· 58
鎭州臨濟慧照禪師語錄 住三聖嗣法小師慧然集 ··· 64

제2장 上堂

- 王常侍가 法問을 請함 ········· 67
- 大悲千手眼의 正眼 ············ 73
- 一無位眞人 ···················· 76
- 賓主歷然 ······················· 80
- 佛法大意 ······················· 84
- 石室行者와 방아 ··············· 87
- 孤峰頂上과 十字街頭 ·········· 90
- 途中과 家舍 ···················· 92
- 三句, 三玄, 三要 ··············· 94

제3장 示衆

- 臨濟스님의 四料簡(其一) ······ 101
- 眞正見解 ······················· 105
- 無事是貴人 ···················· 116
- 隨處作主 立處皆眞 ············ 120
- 佛與魔 是染淨二境 ············ 125
- 眞正見解 ······················· 130
- 四種無相境 ···················· 135
- 自信하고 莫向外覓이어다 ····· 140
- 三眼國土 ······················· 145
- 心心不異 諸法空相 ············ 153
- 心心不異 臨濟四賓主(其一) ··· 162
- 心心不異 逢著便殺 ············ 167
- 心心不異 無如許多般 祇是平常 ··· 172
- 心心不異 臨濟四賓主(其二) ··· 177

心心不異 無依道人 用動用不動 ·············· 182
心心不異 臨濟四料簡(其二) ················ 187
心心不異 臨濟今日用處 眞正成壞 ········· 192
心心不異 欲識汝本心 非合非離 ············ 197
眞佛 眞法 眞道 ································ 201
西來意 ·· 204
大通智勝佛 ······································ 211
五無間業 ··· 216

제4장 勘辨

黃檗一轉語 ······································ 233
竪起拂子 ··· 238
普化와 克符 禪師 ····························· 241
師同普化赴齋 ··································· 243
臨濟小廝兒 ······································ 246
普化喫生菜 ······································ 249
普化振鈴 ··· 252
莫道無事好 ······································ 255
入軍營赴齋 ······································ 258
糶黃米 ·· 261
問座主 ·· 264
德山三十棒 ······································ 267
不看經不學禪 ··································· 270
露地白牛 ··· 273
棒과 喝 ··· 276

渾崙山 擘不開 …… 278
大覺到參 …… 280
趙州와 問答 …… 283
定上座의 大悟 …… 286
觀音의 正面 …… 289
臨濟四喝 …… 292
善來아 惡來아 …… 295
龍牙問西來意 …… 297
徑山五百衆 …… 301
普化全身脫去 …… 305

제5장 行錄

臨濟大悟 …… 311
臨濟栽松 …… 320
德山과 問答 …… 323
活埋 …… 326
臨濟閉却目 …… 329
臨濟在堂中睡 …… 332
钁頭問答 …… 335
臨濟爲黃檗馳書潙山 …… 338
破夏因緣 …… 342
到達磨塔頭 …… 348
到龍光 …… 351
到三峯 …… 354
到大慈 …… 358

到襄州華嚴 …………………………… 361
到翠峯 ………………………………… 364
到象田 ………………………………… 367
到明化 ………………………………… 369
往老婆 ………………………………… 372
到鳳林 ………………………………… 375
到金牛 ………………………………… 379
臨濟遷化 ……………………………… 382
臨濟의 略傳 ………………………… 385

解題

선(禪)과 현대문명

　임제록은 예로부터 선서(禪書) 중의 왕이라고 존중받았던 어록이다. 뿐만 아니라 인간의 근원적 주체성을 명확히 밝히고 자유자재하게 행동하는 차별 없는 참사람(眞人)을 설파한 것으로 동서고금 중에서 제일 귀중한 진서(珍書)로 알려져 있다.
　유명한 철학자인 니시타 기타로(西田幾多郞) 박사는 2차 대전 중에 모든 귀중한 서적이 불타 없어지게 되겠다고 걱정을 했을 적에 임제록만 타지 않고 남으면 우리는 만족한다고 하였다. 현재 프랑스 등 외국의 대학교에서도 임제록을 강의하고 있다.
　그런데 대한불교조계종은 임제종(臨濟宗)의 법맥을 이어오면서 임제록이 현존하지 못한 것은 유감천만이다. 그래서 여러 수선납자(修禪衲子)들의 요청에 따라 임제록을 간행하게 된 것이다.
　임제스님이 선풍(禪風)을 진양(振揚)한 하북(河北)의 진주(鎭州)는 당시만 해도 당의 중앙정부와 대결한 하북삼진(河北三鎭)의 하나로서 황실의 지배가 형식에 지나지 않았고 실제로 권력이 미치지 못하는 지방이었다. 토착한 호족은 이름만 절도사일 뿐, 독재 권력을 떨치고 중앙에 복종하지 않았던 것이다.

이 지방은 신흥 권력자 사회의 급격한 변동이 일어나서 한편으로는 옛 전통과 권위를 강력히 부정하는 동시에 다른 면에서는 새 실력자를 가진 통치자로서 굳센 자기권위와 문화교양 형성이 요청되었다. 거기에는 파괴와 건설의 격동적 교체가 있고 이 격동에 강력히 대처할 수 있는 주체성을 깊이 자각함을 요구한다. 이러한 강한 자각은 군사, 경제 기타 모든 사회생활을 구체적 실력으로 뒷받침하지 않으면 안 되었다. 이러한 조건하에서 근원적 주체의 대기대용(大機大用)을 자유자재하게 행하는 임제선(臨濟禪)이 성행했던 것이다.

다음은 현대의 과학문명과 임제선과의 문제를 간단히 말해 보겠다.

중세기는 서양에 있어서 인간은 신에게 절대복종하고 신을 중심으로 하는 문화를 이룩하고 있었다. 16세기에 신은 인간이 자율적이고 이성적인 인간성을 각성하여 인간이 중심이 되는 오늘의 과학문명을 점차 발전시켰다.

물질을 기저(基底)로 하는 과학은 자기 입장 자체내(自體內)를 향하여 반성하는 방향을 본래부터 가지고 있지 않다. 그러므로 과학의 입장은 세계로부터 또는 세계 안의 인간으로부터 초월의 차원으로 통하는 길이 막힌 것이다. 과학문명은 인간과 세계 그 존재의 기반이 되는 초월적, 근원적인 바탕이 없다고 하지 않으면 안 된다. 그리고 원자력 등의 과학력(科學力)과 강대국들의 집단력(集團力)과 여러 가지가 복잡하고 정글화 함에 따라 근원적 '바탕'을 상실한 오늘의 인간들은 자기존재의 기반과 인간관계와 인간과 사물과의 관계가 성립할 수 없게 되었다.

 인간의 근본구조는 다(多)를 근원적으로 통일하는 일과 근원적 통일적 일(一)에서 창조형성해지는 다(多)가 서로 융화되어 있어 둘이 아니다. 다(多)가 없는 일(一)은 내용이 없는 단순한 허공이고 일(一)이 없는 다(多)는 통일이 없는 단순한 분열인 것이다. 복잡화되고 정글화되어 있어 근원적 바탕이 되는 일(一)을 상실한 것은 현대문명의 큰 병통(病痛)이라고 하지 않을 수 없다. 오늘의 분열, 혼란, 허탈, 불안정, 혼미, 회의, 노이로제, 염세 등 소위 문명병은 근원적 통일적 일(一)을 상실한 결과로 나타난 것이다. 세상이 복잡해질수록 근본의 일(一)은 더욱 강하지 않으면 안 된다. 그런데 현대는 근본의 일(一)을 상실했으므로 인간은 분열과 혼미와 불안정을 극복하지 못하고 원시적인 종교나 점술에 의지하게 되는 기이한 현상을 나타내는 수가 많다. 이 원시적인 종교나 점술은 임시적인 진통제도 못 되고 더욱더 분열, 혼미, 불안정으로 떨어져서 현대의 문명병통(文明病痛)을 치료하지 못하고 도리어 악화시킬 큰 위험에 처해 있다.

 복잡한 정글 속에 있는 오늘의 일반사람들은 주체성을 상실하여 그때그때 일어나는 욕망에 따라서 생활하고 있다. 욕망은 인간의 자연적 본성에 속한 것인 만큼 그 자체를 문제 삼는 것은 아니다. 이 욕망은 초월적 근원적인 차원의 전체적 연관 속에 있어서 체계적 위치에서 작용하지 않으면 안 된다. 그러나 일반의 근원적 바탕이 없는 욕망은 그 자체가 진실한 것 (객관적 타당성)이 아니다. 욕망은 항상 욕구불만에 빠지고 사람은 욕망에 사로잡혀서 주체성을 잃게 된다. 욕망에 팔려서 사는 사람은 주체성이 있다고 할 수 없다. 욕망의 지배에 끌려서 사는 곳에는 자유도 없고 따라서 책임도 없다. 아무 가치 없는 생활이다.

욕망은 자기중심적이어서 인간을 물건으로 취급하고 노예적 종속물로 삼는다. 이러한 사람들은 서로 상극이 되고, 서로 해치게 되고, 결국은 다함께 파멸하게 된다. 폭력도 욕망에서 나오게 되고 세상을 혼란하게 하는 권모술수도 욕망의 입장에서 지성을 악용함으로써 이루게 되는 것이라고 생각한다. 우리가 만일 욕망만 쫓아 줄달음 친다면 타락과 파멸을 면치 못할 것이다.

동양은 예부터 전체주의 국가주의였다. 전체주의는 개인에 대하여 절대복종을 요청한다. 그래서 옛 동양은 군주독재 제도라고 할 수 있다. 백성을 근본으로 삼는 성군의 덕치(德治)라 해도 위에서 아래로 향하는 수직선형(垂直線型)의 정치체제 아래서는 진충보국주의(盡忠報國主義)는 성행할지 모르나 자주적이고 자율적인 생각과 행동은 발생할 수 없다. 거기서는 개인의 창의성이 개발될 수가 없기 때문에 동양에서는 과학적 사색과 기술이 발전하지 못했던 것이다.

동양에서는 예를 숭상했는데 이것은 인격적 도덕적으로 자타가 동등한 지위에 입각하여 서로 존경하는 때에 성립하는 것이다.

주종(主從)의 예라든가 군신의 예라는 것은 힘의 관계이지 예라고는 할 수 없다. 굴종의 질서에 지나지 않는다. 봉건주의 아래서 말하는 예라는 것은 일종의 의식 습관이다. 군주는 인덕(仁德)을 베풀고, 백성은 홍은(鴻恩)을 입어서 감지덕지하여 어찌할 줄 모른다. 이러한 위력(威力) 관계 아래서는 인격적 자주성은 있을 수 없으며 예의 윤리적 대등격성(對等格性)도 엿볼 수가 없다. 여기에는 자주적으로 생각하고 자주적으로 행하는 길을 봉쇄해 버리는 것이다.

　동양에서는 가족을 사랑하고 중대시하는 정신이 있는데 이것은 미풍(美風)이라 하겠다. 그러나 가족을 무조건 존중해서 일정한 한도를 넘으면 봉건주의가 된다. 더욱이 주종관계에서 가정질서를 형성한다면 더욱 그러하다. 위로부터 향하적(向下的)으로 은혜를 베풀고 아랫사람은 복종만 하는 것을 미덕으로 삼는 애가(愛家)의 심리상태에서는 개인적 책임감, 자주적 사색력, 풍부한 창의 또는 세계성을 띠는 행동기풍(行動氣風)을 기대할 수 없는 것이다.

　가족만을 편중하는 인습적 제도 아래에서는 자주적 정신이 충분히 개발되지 못하여 자주적으로 관찰하고 생각하고 비판하는 능력이 현저히 약해진다. 그리고 집단생활에 많은 관심을 가질 수 없게 되기 마련이다. 개인이 집단조직의 독립단위라는 의식이 없다든가 혹은 충분히 발달하지 못하면 개인이 자주적이고 자발적으로 집단생활의 행복 또는 향상을 위하여 공헌하겠다는 의욕이 우러나지 못한다. 그러므로 가족의 남녀노소가 차별 없는 참사람(眞人)의 평등한 입장에서 서로 존중하고 개성을 살려서 상호 저해하지 않으면서 자주적이고 독립적으로 생활하면서 서로 도와 조화가 잘 되는 가정이 이상적이라고 하겠다.

타자적 신(神)에 의속(依屬)하고 타자적 신에 절대복종하는 것을 반대하는 현대의 인간은 자주적이며 자율적이고 적극적 능동적이며 낙천적으로 생활하고 있다고 할 수 있다. 이성적으로 모든 문제가 해결되고 이성적으로 세계를 형성할 수 있다는 신념과 희망을 가지고 노력하면서 발전해 나가고 있는 것이다. 우리는 여러 가지 일을 이성적으로 개발하고 이성적으로 건설하지 않으면 안 된다. 그러나 이성적으로 구경적(究竟的) 해결이 되는 것일까? 우리는 이성적 입장이 한계가 있다는 것을 알지 않으면 안 된다.

이성적 입장을 근본적으로 비판해 보자. 그러면 먼저 존재론적으로 생사문제를 다뤄 보기로 한다.

누구든지 죽지 않고 살려고 한다. 생(生)은 사(死)가 없는 생이라야 오직 참다운 생이라 하겠다. 그러나 생은 결국 죽고 만다. 생은 반드시 죽음을 수반한다. 그러므로 생명은 생사적(生死的) 생명이다.

이 생명 자체는 이율배반으로 성립한 것이다. 생사적 생명은 죽음이 없는 순수한 삶이 아니다. 그러므로 이 생명은 생이라 할 수 없다. 생명 자체를 부정하지 않을 수 없다. 생사적 생명을 절대 부정하지 않으면 안 된다. 삶에 대한 죽음은 상대적 이율배반이라 하겠다. 생사적 생명은 생명자체가 이율배반이므로 절대적

이율배반이라 하겠다.

다음은 가치론적으로 말해 보겠다.

근대의 인간은 이성적 생활을 하고 있다. 이성적 가치생활은 이성적인 것과 반이성적인 것이 대립한다. 이성적 생활은 반이성적인 것을 이성적으로 극복해 나간다.

이성적 생활은 이성적인 것이 반이성적인 것을 다 극복해 버려서 반이성적인 것이 아주 없어져서 순수한 이성적인 것만으로 되는 것이다.

그러나 반이성적인 것이 없는 순수한 이성적 생활은 실제로는 있을 수 없다. 이성적인 것은 어디까지나 반이성적인 것과 대립한다. 이 이성적 생활의 궁극적 목적은 이성적 생활의 입장에서는 모순이라고 하지 않을 수 없다. 이성적인 것과 반이성적인 것이 근본구조가 절대적 이율배반이라고 하지 않으면 안 된다.

감성은 말할 것도 없거니와 이성의 세계도 주관과 객관의 양자대립에서 작위(作爲)하는 것이므로 실재 자체가 자각 하는 것이 아니라 주관의 조작이다. 이성의 세계는 결국 주관주의적 입장을 면할 수 없는 것이라 하겠다. 이성 자체의 위기야말로 근원적 본체적(本體的) 위기인 것이다.

존재론적인 생사적 가치나 가치론적인 가치, 반가치적 자기(自己)가 두 개가 아니라 실제로는 결합이 되어서 인간의 본질적인 구체적 구조로 되어 있다.

말을 하자니까 두 개로 나누어서 했을 뿐이다. 이 절대 이율배반적 자기를 극복하는 문제를 말하기로 하자.

이 절대 이율배반적 자기가 절대 이율배반을 극복하는 것이 아니라 절대 이율배반의 근저로부터 그것을 극복하는 참나(眞我)가 자각하는 것이 선(禪)에서 말하는 견성(見性)이다.

절대 이율배반은 참나가 자각하는 계기는 되지만 그 계기가 극복의 주체가 되는 것은 아니다. 감성적·이성적·생사적 자기의 심갱(深坑)에 있는 절대 이율배반을 초월한 참나(眞我)가 자기 자신을 자각함으로 인해서 감성적 이성적 생사적인 것을 극복하는 것이다. 그런데 그 경우에 있어서 깨달은 참나는 절대이율배반의 밖에, 다시 말하면 절대이율배반에 대해서 격절적(隔絕的) 타자적으로 있는 것이 아니라 절대 이율배반의 안에서 그것을 탈피하여 자각하는 것이다.

참나(眞我)는 절대이율배반을 탈피한 자기가 된다. 이것이 궁극적 진실재(眞實在)인 참나, 진실재인 인간이 되는 것이다. 나는 이것을 차별 없는 참사람이라고 한다. 임제스님이 말한 무위진인(無位眞人)이다.

그러므로 참사람은 본래 각(覺)한 참사람인 것이다. 새로 각(覺)했다는 것도 없이 본래 참사람인 것이다. 참사람은 생사도 없고, 남녀노소의 차별도 없고, 지우(智愚), 선악, 미추(美醜), 중생과 부처의 차별도 없고 계급 민족, 인종, 국가, 심지어 생물과 우주, 시간과 공간의 차별도 없다. 모든 한정(限定)을 절(絕)하고 독탈무의(獨脫無依)하여서 일체 계박(繫縛)을 탈각(脫却)하여 무애자재(無碍

自在)한 것이다.

　이러한 참사람이야말로 더욱 복잡화하는 세계 중에서 더욱더 분화 발전하는 역사의 현실에서 주체성을 상실하지 않고 또는 현실 도피와 신불(神佛)에 의지해서 자기상실에 빠지지 아니하여 절대자주(絕對自主), 절대자율(絕對自律)로 살아나갈 수가 있다. 참사람(眞人)은 또한 소극적이 아니라, 적극적, 대기대용(大機大用)을 발하는 근원적 주체가 된다.

　그래서 과학적 지성과 생(生)의 충동까지라도 참사람은 타당한 체계적 정위(定位)를 지시해서 대용전창(大用全彰)을 실현하게 되는 것이다. 이 참사람은 다시 세계를 형성하고 역사를 창조하면서 어디에나 걸리지 아니하고 자유자재하다.

　다음에 사랑에 대하여 말해 보기로 하자.

　기독교에 있어서는 절대적 사랑은 신(神)만이 가지고 있다. 그러나 인간의 사랑은 신의 절대적 사랑에 의해서 뒷받침이 된 상대적 사랑에 지나지 않는다.

　기독교에서는 이것을 인인애(隣人愛)라고 말한다. 그러나 인인애는 창조자 신(神)의, 절대적 사랑을 받은 피조물인 인간끼리 서로 사랑하는 것을 말한다.

　그러나 이와 달리 불교에서는 모든 사람들이 절대애(絕對愛)의 주체가 될 수 있다. 왜냐하면 본래 절대애의 주체이기 때문이다. 자비의 주체는 참사람의 모습이고 바로 현실의 모습이다. 모든 행동은 자비로부터 나온다. 이 자비가 상(上)으로부터 하(下)로 향해 행하는 수도 있으나 불교에서는 모든 사람이 서로 평등한 입장에서 평등을 행하는 것이다. 이 평등도 보통으로 말하는 인간의 입장에서 평등을 주장하지만 보통, 인간을 안으로 초월한 참사람의 입장에서의 평등이라야만 진정 구경(究竟)의 평등이라 할 수 있겠다.

모든 사람은 본래 참사람이다. 이것은 사람과 사람의 서로 횡적 넓이의 평등이라 하겠다. 사람 자체의 종적 깊이의 내용적인 평등의 성격이 불교의 평등이다. 인간의 근본 바탕은 허공과 같아 한정할 수 없다. 무연대비(無緣大悲)는 보통의 사랑, 즉 애견(愛見)의 자비가 아니라 자성지혜(自性智慧)를 바탕으로 하는 절대평등(絕對平等)의 사랑이라 말할 수 있다.

옛날의 선(禪)은 개인을 구제하는 데에 중점을 두었다. 그러나 오늘은 세계가 좁아져서 개인이나 집단이나 국가가 세계성을 띠어서 세계의 위기를 타개하지 않으면 개인도 안심하고 살 수 없는 시대이다. 그러므로 세계 또는 집단의 법칙을 세우는 데에 선(禪)으로서도 연구하지 않으면 안 된다고 생각한다.

전체는 그것을 구성하는 개체가 없이는 존재할 수 없고 개체도 또한 이것을 성립시키는 전체가 없이는 존재할 수 없다. 개체를 말할 때에 전체는 본래 그 속에 있고 전체라고 할 때에 개체는 본래 그 속에 있다.

민주주의는 개인을 절대(絕對)로 하는 것이므로 자연히 다(多)를 절대로 하는 다원적인 사회관 · 국가관이라 하겠다. 전체주의는 사회 전체를 절대로 하는 것이다. 사회주의에 있어서는 개인의 집합이 사회가 아니라 사회는 다원적 성원을 초월한 전체적 일(一)이라 한다. 이 전체적 일(一)을 절대로 하는 데에 사회주의가 성립한다.

전체주의의 단점은 개인의 자주, 자유, 창의를 무시하는 것이라 하겠고 민주주의의 단점은 다(多)의 방종과 무질서가 되기 쉽다. 그런데 선(禪)은 '일즉다(一卽多)요 다즉일(多卽一)'이어서 '일다일여(一多一如)'의 입장이다. 일(一)이 즉 다(多)이므로 전체주의를 지양하고 다(多)가 즉 일(一)이므로 민주주의를 지양해서 고차원(高次元)의 새로운 체제가 구현되는 것이라고 생각한다.

오늘의 우리는 중세적 신율성(神律性)과 타율성을 비판이탈하고 현대문명을 창조하고 있는 근대의 인간주의의 절대모순을 해결초월(解決超越)한 차별 없는 참사람을 깨닫지 않으면 안 된다. 그러므로 참사람의 사명은 개인과 개인, 집단과 집단, 국가와 국가가 각자의 자기중심주의, 이기주의를 탈각(脫却)하여 서로 이해하고 서로 사랑하고, 서로 돕는 세계 역사를 형성하는 자비대원을 가지는 것이다.

오늘 인류는 모든 과거의 전통이 깨지고, 주체를 상실하여 윤리질서가 무너져서 혼란을 겪고 있다. 그런 이때에 임제록 간행을 계기로 해서 참사람을 깨닫고, 참사람의 입장에서 남북통일을 성취하고, 새 역사를 창조하여 세계평화를 이룩함에 도움이 된다면 이보다 다행한 일은 없다고 생각한다.

임제록을 씀에 있어서 아사히나 소우겐(朝比奈宗源) 선사가 역주한 이와나미문고본(岩波文庫本)의 임제록과 아키츠키 료민(秋月龍珉) 교수의 임제록을 참고했다. 이 두 책은 이번 임제록을 쓰는데 역사적 어학적으로 많은 도움이 되었다.

그리고 종지상(宗旨上)으로 달리 보는 점은 명백히 쓰기로 하였다. 종지에 있어서는 해설할 수 없으므로 착어하여 표현하였다. 원문은 특히 아키츠키 료민(秋月龍珉) 교수의 임제록을 저본(底本)으로 하였다.

임제스님의 수학(修學)과 사상

　유구한 인류 역사상 인간의 근원적 주체에서 절대적으로 자유자재하고 활발발하게 행동한 종교가로서 제일 으뜸가는 분은 임제스님이다.
　임제는 법호인데 호는 조실(祖室)로서 납자들을 접화(接化)한 진주(鎭州: 현재 하북성 正定의 땅)에 있는 임제원(臨濟院)의 선원명(禪院名)에서 기인한 것이다. 법휘(法諱)는 의현(義玄)이고, 속성(俗姓)은 형씨(邢氏)이며 조주남화(曹州南華~山東省 兗州府)에서 출생하셨다. 스님의 생년은 불분명하나 학자들의 말에 의하면, 9세기 초 원화년간(元和年間 806-820)일 것이라고 추정하고 있다.
　스님은 "어려서부터 보통사람보다 빼어나 특이했으며 성장하여서는 효행으로 유명했다. (幼而穎異 長以孝聞)"라고 했으니, 천품이 탁월하고 인간 바탕이 순진하여 양심이 강하셨기 때문에 자연히 부모에 대한 효심이 지극했던 것 같다. 스님이 출가한 시기와 사정, 또는 은사에 대해서는 아무런 기록이 남아 있지 않다.
　처음 황벽(黃檗)스님 회하에서 참선할 적에 행업(行業)이 순일(純

一)했다고 하며 수좌(首座) 목주스님과 황벽스님의 지도를 조금도 어김없이 그대로 순종 실천했다고 하는 사실은 임제스님이 지극히 진실하고 겸허하셨다는 것을 증명한다. 스님은 또한 일생 동안 불법(佛法)을 위해서 변함없이 시종여일(始終如一)하게 순일무잡(純一無雜)했다는 것은 그 의지원력(意志願力)이 강철같이 굳세었다는 것을 알 수 있다. 이와 같이 스님은 위대한 종교가로서의 절륜(絶倫)의 천품을 구비하셨던 것이다.

임제록을 보면 달마, 혜가, 승찬, 혜능, 신회의 제조사(諸祖師) 말씀을 인용했고 『법화경』『화엄경』『유마경』『능가경』『능엄경』등 경전과 『신화엄경합론(新華嚴經合論)』『대승성업론(大乘成業論)』『법원의림장(法苑義林章)』등 논서(論書)의 말이 나옴을 미루어 임제스님은 청년 시절에 이미 불교학에 관하여 깊이 연구했음을 알 수 있다.

"산승(山僧)이 옛날에 계율(戒律)에 대해서 마음을 두고 연구했으며 또한 경(經)과 논(論)에도 연구하여 파고들어 찾아보았다.(祇如山僧 往日 會向毘尼中留心 亦曾於經論 尋討)"라고 했으니, 계율(戒律)에도 조예가 깊었음을 짐작하게 한다.

임제스님의 발심(發心)

　지해(知解)로 아는 지식 가지고는 생사가 본무(本無)한 인간의 근원적 주체를 자각할 수는 없다. 그리하여 천재적 종교가인 임제스님은 절망과 고민을 동시에 하지 않을 수 없었다.
　그런 임제스님은 "나도 옛날에 깨닫지 못하였을 적에 깜깜해서 아득했었다. 광음(光陰)을 헛되이 보낼 수가 없어서 뱃속엔 불이 나고 마음은 바빴다.(山僧 往日 未有見處時 黑漫漫地 光陰不可空過 腹熱心忙)"라고 말했다.
　불법(佛法)을 학문적으로 연구하는 것은 근원적 주체를 실지(實地)로 깨닫는 것이 아니라 지식으로 지해함에 불과하므로 근원적 주체의 당체(當體)와는 거리가 먼 것이라고 하지 않을 수 없다. 그래서 "뒤에 이것은 세상을 구제하는 약이요, 표현하는 말일 뿐(後方知是濟世藥表現之說)"이라고 문득 깨닫고, 바로 "일시에 던져버렸다.(一時抛却)"고 했던 것이다.

대의단(大疑團)

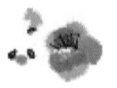

　인간의 가치생활은 감성적 가치생활에서 이성적 가치생활로 향상된다. 그런데 이성적 가치생활은 이성적인 것과 반이성적인 것의 양대립(兩對立)이 없어지지 아니한다. 여기에 이성적 생활에 근본적 절대적 모순이 있는 것이다.
　또 인간은 이성적 존재인 동시에 시간 공간적 존재이다. 시간 공간적 존재란 우리가 살고 있다는 것이다. 그러나 우리는 순수한 삶[生], 즉 영원히 산다는 것은 있을 수 없다. 삶에는 상대적으로 반드시 죽음[死]이 따르고 있다. 여기에 인간의 존재에 근본적 절대모순이 존재한다.
　그런데 이 생사적 인간의 존재는 감성적으로 괴롭다고 할 뿐만 아니라 괴로운 것이라고 판단한다. 그러므로 구체적 인간에 있어서는, 이성과 반이성(反理性)인 것과 생사적인 존재가 둘이 아니라 하나라고 하지 않으면 안 된다.
　이와 같이 인간의 근본 성격이 절대모순으로 되어 있어서 이것을 자각하는 데에 종교의 진실한 계기가 있다. 인간 자신이 절대

모순임을 자각할 때에 우리는 말할 수도 없고 말 아니할 수도 없으며, 행할 수도 없고 행하지 아니할 수도 없으며, 느낄 수도 없고 느끼지 아니할 수도 없으며, 생각할 수도 생각하지 아니할 수도 없으며, 죽을 수도 없고 죽지 아니할 수도 없다. 이것은 논리적으로 절대 모순뿐만도 아니며, 감정적으로 절대고민뿐만도 아니며 의지적으로 절대 딜레마뿐만도 아니어서, 이 셋이 하나가 될 뿐만 아니라 나의 자신, 전체적으로 절대긴장(絶對緊張)하게 되는 것이다. 이렇게 자기 자신이 주체적으로 절대 긴장함을 선(禪)에서는 대의단(大疑團)이라고 말한다.

임제스님에게 수좌인 목주스님이 "지금까지 조실스님에게 법을 물었느냐?(曾參問也無)"하고 물었을 때에 임제스님은 "아직 묻지 않았습니다. 무엇을 물어야 할지도 모릅니다.(不曾參問 不知問箇什麼)"라고 대답하였으니 이때가 바로 물을 수도 없는 대의단에 빠져 있었던 것이다.

대의단은 능(能), 소(所), 주관, 객관으로 분열하지 아니하고 전체적으로 혼연(渾然)히 뭉쳐서 궁극적, 근원적이며 주체적인 것이다.

그래서 임제스님은 이러한 경지를 "나도 옛날에 깨닫지 못하였을 때에 깜깜해서 아득했었다. 광음을 헛되이 보낼 수가 없어서 뱃속엔 불이 나고 마음은 바빴다.(山僧 往日 未有見處時 黑漫漫地 光陰不可空過 腹熱心忙)"라고 말했던 것이다.

돈오돈수(頓悟頓修)

 의단이 필경에는 의의(意義)를 절(絶)하게 되고 인간을 근본적으로 해체하여 인간의 근저를 부수어 버리고 그 속에서 본래면목, 즉 진실한 자기가 소생하게 되는 것이다. 여기에는 비약만이 있을 뿐이다.
 절대모순인 자기의 연장선상에서 연속적으로 진실한 자기가 되는 것이 아니다.
 진실한 자기는 죄와 생사를 탈각(脫却)하여 죄와 생사가 본래 없어서 시간 공간의 한정을 받지 않으며 모순을 탈각하여 무상(無相)의 주체인 것이다.
 무상(無相)의 주체는 주체, 객체의 대대(待對)가 없는 근원적 자각존재(自覺存在)인 실재라고 말할 수 있다. 거기에는 무한의 적극성이 있고 일체의 계박(繫縛)이 없는 절대자유의 주체이다. 생사적 자기와 무생사적 진실한 자기는 질적으로 차원이 근본적으로 다른 입장이므로 생사적 자기와 무생사적 자기와의 관계는 연속할 수 없고 비연속이라고 말하지 않을 수 없다.

그러므로 죄와 생사의 자기 연장선상에서 연속적으로 진실한 자기가 되는 것이 아니라 비약해서 진실한 자기로 전환하므로 임제스님은 돈오돈수를 주장하여 "나의 견처(見處)를 가져 말하면 부처도 없고 중생도 없다. 옛도 없고 이제도 없다. 얻는 자는 바로 얻어서 오랫동안 수행하였다는 세월이 필요없다.(約山僧見處 無佛無衆生 無古無今 得者便得 不歷時節)"라고 말하고,

"도(道)를 배우는 여러분 제방(諸方)에서 말하기를 닦을 도(道)가 있고 증득(證得)하는 법(法)이 있다고 하나, 너희들은 무슨 법을 증득하며 무슨 도를 닦는다고 말하느냐?

후배의 젊은 스님들은 이것을 알지 못하고 바로 들여우의 도깨비 같은 것을 믿어서 저희들이 사리(事理)를 말하며 타인을 결박하여 말하기를

'교리와 실행이 일치하며 몸과 입과 뜻의 삼업을 잘 수호하여야만 비로소 성불할 수 있다 하는 것을 허락한다.'

이와 같이 말하는 이는 봄 가랑비와 같이 많다.

옛사람이 말하기를 "길에서 도를 통달한 사람을 만나면 제일로 도를 말하지 마라."고 했다. 그러므로 말하기를 '만일 사람이 도를 닦으면 도는 행하여지지 않고 도리어 만 가지 삿된 경계가 서로 다투어 일어나게 된다. 반야지혜(般若智慧)같이 나온즉 한 물건도 없다. 밝은 머리가 나타나지 아니하여 깜깜한 머리가 바로 밝다.'고 했다.

그러므로 옛사람이 '아무 조작 없이 평상시의 마음이 바로 도

이다'라고 했다.(道流 諸方說 有道可修 有法可證你說, 證何法 修何道 你今用處 欠少什麼物 修補何處 後生小兒師 不會 便卽信這般野孤精魅 許他說事 繫縛他人 言 道理行相應 護惜三業 始得成佛 始此說者 如春細雨 古人云路達道人 第一莫向道 所 以言 若人修道 道不行 萬般邪境競頭生 智劍出來 無一物 明頭未顯暗頭明, 所以 古 人云 平常心是道.)"라고 말했다.

임제스님이 돈오점수(頓悟漸修)를 부정하고 돈오돈수(頓悟頓修)를 주장한 것은 육조혜능, 마조, 백장, 황벽 또는 육조의 선(禪)을 정통으로 계승한 역대조사와 다를 바가 없다. 생사의 자기는 수(修)할 것이 있지만 생사가 없는 진실한 자기는 닦을 것이 없다.

만일 수(修)할 것이 있다면 이것은 생사의 자기 연장선상에서 있을 수 있는 일이지 진실한 자기입장이라고는 말할 수 없는 것이다.

그러기에 임제스님은 수(修)하는 입장은 장엄문(莊嚴門) 불사문(佛事門)이지 불법(佛法)은 아니라 하고 이것은 업을 조작하는 것을 면하지 못하여 생사를 탈각(脫却)할 수 없다고 역설하였다. 만일 도(道)를 닦는다면 이것은 도를 행하는 것이라고 할 수 없다. 그러므로 정통적 조사선을 체험함에는 돈오돈수의 입장이라야 된다고 하지 않으면 안 된다.

참사람(眞人)

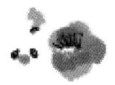

중국불교 역사에 있어서 혜능스님의 계통(系統)이 중국 조사선을 일으켜서 선종을 형성하였다. 혜능스님은 견성(見性)을 역설하여서 성자(性字)를 많이 사용했다. 혜능스님은 『열반경』 불성론(佛性論)의 영향이 많은 듯하다.

신회스님과 종밀스님이 지지일자중묘지문(知之一字衆妙之門)이라고 해서 지자(知字)를 말한 것은 성자(性字)보다 동태성(動態性)이 있다 하겠다.

마조스님에 와서는 '즉심즉불(卽心卽佛), 평상심시도(平常心是道)'라고 말해서 성(性)보다 작용(作用)의 뜻이 있는 심자(心字)를 많이 사용했다.

마조스님부터 할(喝) 또는 방(棒)을 쓰고 손으로 때린다든가 발로 찬다든가 하는 대기대용(大機大用)이 시작되었다.

그리고 백장 황벽까지는 심자(心子)를 많이 사용했다. 임제스님에 이르러서 인자(人字)를 많이 사용하게 되었으니 인자(人字)는 성(性)과 지(知)와 심(心)보다는 구체적이고 행동적이라고 말할 수 있다.

임제(臨濟) 스님은 인(人)을 무위진인(無位眞人), 무의도인(無依道人), 무사인(無事人), 청법저인(聽法底人), 승경저인(乘境底人)이라고 말하여 보통으로 말하는 인간과는 다른 것이다.

보통으로 말하는 인간은 이성에 의해서 감성을 극복해 가는 이성적 인간을 말하는 것이다. 이성적 인간은 순수한 생(生)을 바라지만 그 생은 사(死)를 반드시 수반하므로 그 생을 순수한 생이라고 할 수 없고 생사적 인간이라고 하겠다. 이 생사적 인간의 근본적 구조가 절대적으로 이율배반이므로 '절대적 이율배반'이라고 하겠다.

이성적 인간의 이성은 반드시 반이성을 수반하므로 이성적 인간 자체의 근본구조가 절대적으로 이율배반이므로 절대적 이율배반이라고 하지 않으면 안 된다.

생사의 절대적 이율배반과 이성적으로 절대적 이율배반은 구체적으로는 하나로 되어 있다. 이성적 인간이 부정되고 무위진인으로 전환하는 데에 돈오돈수가 있는 것이다. 이 무위진인은 본래 이성적 인간에 내재하고 있는 것이다.

이성적 인간은 무위진인이 이성적 인간상(人間上)에 출현하고 있는 것을 자각하지 못한다. 그러나 무위진인이 자각하면 감성, 이성은 바로 참사람의 출현으로 되는 것이다. 그래서 임제스님은 이렇게 말했다.

"빨간 몸덩어리 위에 한 차별 없는 사람이 있어서 항상 여러분의 눈, 귀, 코, 입 등을 통해서 출입한다. 아직 똑똑히 보지 못한 사람은 보아라, 보아라.⁽⾚⾁團上 有⼀ 無位眞⼈ 常從汝等諸⼈ ⾯⾨出⼊ 未 證據者 看看⁾"

"산승(⼭僧)이 보는 바로 말하면 석가부처님과 다르지 아니하다. 오늘 여러 가지 작용(作⽤)하는 곳에 모자라는 것이 무엇이냐? 여섯 가지 신령스러운 빛이 잠깐도 쉴 일이 없다. 만일 이와 같이 볼 수가 있으면 참으로 이것이 일생 무사한 사람이다.⁽約⼭僧 ⾒處 與釋迦 不別 今⽇多般⽤處 ⽋少什麽 六道神光 未會間歇 若能如是 ⾒得 祇是 ⼀⽣無事⼈⁾"

근원적 주체성

무위진인은 존재 비존재적인 자기도 아니고 가치 반가치적인 자기도 아니다. 그것은 비 '존재/비존재'적(非 存在/非存在的)이고 비 '가치/반가치'적(非 價値/反價値的)인인 자기이다.

참사람은 일체의 한정을 절(絶)하고 형상을 절(絶)할 뿐만 아니라 무한의 자기부정을 자유로 하는 것이므로 무(無)라고도 한다. 이 무한의 자기를 부정하는 무에서 무한의 능동적 적극성이 나오므로 주체라고 하는 것이다.

"어느 곳에서든지 주인공이 되면 그 서 있는 곳은 다 진실한 것이다. (隨處作主立處皆眞)"라고 했다.

무(無)의 주체는 절대적 자주자율이니 궁극적인 자주자율이라 하겠다. 이 주체는 주체, 객체를 절(絶)한 주체인 것이다. 이 주체는 무한히 자기부정하고, 무한히 자기실현을 하여 일체 중에 자유자재하게 활동한다. 이 근원적 주체인 참사람은 세계를 형성하고 역사를 창조하는 작용을 한다. 이와 같이 작용하되 어디에나 구속을 받지 아니한다. 그러므로 임제스님은 이와 같이 말했다.

"다른 사람의 미혹함을 받지 않고 행동하고 싶거든 바로 행동한다. 다만 내 견해가 특별하여 밖으로 범부 성인의 차별경계에도 착(著)하지 않고 안으로 근본 자리에도 머물지 아니하여 투철히 보아서 다시는 의심하고 그르치지 않기 때문이다. 불법(佛法)은 공(功)을 써서 조작할 것이 없다. 다만 평상대로 해서 아무 일이 없다. 대변을 보고 소변을 보며 옷을 입고 밥을 먹으며 피곤하면 누워서 쉰다.

어리석은 사람은 알지 못하고 비웃지만 지혜 있는 사람은 잘 안다. 내가 오늘 작용(作用)하는 경지는 참되고 바르게 이룩하고 무너뜨려서 신묘하게 변화함을 자유자재하게 놀린다. 모든 경계에 들어가고 곳곳마다 일이 없어서 어떠한 경계라도 나의 경지를 바꿀 수 없다. (不受人惑 要用便用 祇爲我見處別 外不取凡聖 內不在根本 見徹更木疑謬. 佛法無用功處 祇是平常無事 屙屎送尿 著衣喫飯 困來卽臥 愚人笑我 智乃知焉. 如山僧今日用處 眞正成壞 翫弄神變 入一切境 隨處無事 境不能換)"

참사람(眞人)은 절대현재(絶對現在)

보통으로는 현실의 인간은 생사적이고 선악이 있다. 그러나 무위진인(無位眞人)을 자각하면 무위진인은 본래 실재한 것이며 인간의 감각과 의식상에 이 참사람이 출현하고 있는 것을 자각하게 된다. 생사적 인간은 본래 없는 것이며 무위진인(無位眞人)이 본래 작용하여 감각하고 의식하면서 거기에 물들지 아니한다.

참사람이 본래 실재하다는 것은 보통 말하는 성선설(性善說)과는 다른 것이니 선악의 범주에 속하지 않는다.

불성(佛性)은 내재하지만 현실의 우리 인간은 불성과는 아주 다르다고 어떤 이는 말한다.

불성은 내재하지마는 현실과 다르다고 해서 내재적 초월이라고 주장한다. 그러나 참사람은 내재한 것도 아니고 보통의 현실도 아니다. 참사람이 바로 절대적 주체가 되어 현실에 자각하여 있는 것이다.

이것을 영원의 현금(現今) 또는 절대현재라고 말한다. 참사람은 시간과 공간의 근원이 바로 주체가 되어 현재에 실존하는 것이다.

이 주체가 공간적으로 세계를 형성하고 시간적으로 역사를 창조하는 것이다. 임제스님은 이 점에 대하여 이렇게 말했다.

"네가 조사(祖師)인 부처를 알고자 하느냐? 그것은 다만 나의 면전에서 법문(法門)을 듣는 너 자신이다. 이것이 바로 너다. 즉 목전에 역력한 것, 한낱 형상도 없이 절대 홀로 자체만으로 명백한 이것이 법문을 설(說)할 줄 알고 법문을 들을 줄 안다. 마음의 법은 형상이 없어서 시방세계에 꿰뚫어 통하여서 목전에 나타나 작용한다. 바로 지금 눈앞에 혼자 밝아서 분명히 법문(法門)을 듣는 자, 이 사람이야말로 어느 곳에든지 걸리지 않고 시방세계를 꿰뚫어서 삼계에 자유자재하게 행동한다.

현금(現今)에 내 눈앞에서 법문을 듣는 의지함이 없는 도인이 역력하게 분명해서 조금도 모자라지 않다. 네가 만일 조불(祖佛)과 다르지 않기를 원한다면 다만 이와 같이 보아라.

(你欲得識祖佛麼 祇你面前聽法底是. 是你目前歷歷底 勿一箇形段孤明 是這箇解說法聽法. 心法無形 通貫十方 目前現用. 卽今目前孤明歷歷地 聽者此人 處處不滯 通貫十方 三界自在. 現今目前聽法無依道人 歷歷地分明未曾欠少你若欲得與祖佛不別 但如是見.)"

소소영영(昭昭靈靈)에 대해서

선지식이라는 사람에게 혹시 어떤 사람이 물으면 몸과 손을 움직여서 눈을 떠 보이기도 하며 혀를 내밀기도 하며 쳐다보기도 한다. 또 어떤 사람은 소소영영하게 보고, 듣는 놈을 주인공이라고 한다. 이와 같이 말하는 선지식은 사람을 크게 속이는 사람이라고 말하지 않으면 안 된다.

만일 소소영영한 것을 주인공이라고 하면 잠이 들어서 꿈도 없고 생각도 없을 때에 어째서 소소영영하지 않느냐? 잠이 꼭 들었을 때에 없어지는 주인공이면 어찌 생사를 대적할 수 있겠는가? 이것은 도적놈을 가지고 아들을 삼는 것이니 생사의 근본이고 망상의 반연(攀緣)으로 일어나는 작용에 지나지 않는다.

그러므로 현사(玄沙) 스님은 말하기를

"일반(一般)이 있어서 소소영영한 영대지성(靈臺智性)이 능히 보고 능히 들어서 오온신전(五蘊身田) 속을 향해서 주재(主宰)를 작(作)하니 이렇게 선지식이 되면 크게 사람을 속임이다. 아느냐. 내가 이제 너에게 묻노니 네가 만일 소소영영함을 알아서 너의 진실함을 삼으면 어찌하여 잘 때에 또 소소영영함을 이루지 못하는가? 만일 잘 때에 이러하지 못하면 어찌하여 소소한 때가 있는가. 너는 도리어 아느냐? 이것은 도적을 알아서 아들을 삼음이라 불러지음이니 이는 생사의 근본이요 망상연기(妄想緣起)이니라.

(有一般說昭昭靈靈 靈臺智性 能見能聞 向五蘊身田裏作主宰 恁麽爲善知識 大賺人 知麽 我今問汝 汝 若認昭昭靈靈 爲汝眞實 爲甚麽瞌睡時 又不成昭昭靈靈 若瞌睡時 不是 爲甚麽有昭昭時 汝還會麽 這箇喚作認賊爲子 是生死根妄想緣起. (禪宗正脉)"

임제스님의 소소영영

임제스님도 소소영영을 말했으나 위에서 말한 소소영영과는 아주 다른 입장이다. 임제스님의 소소영영은 무위진인(無位眞人)의 구체적 활동이 명백함을 말한 것이다.

"도를 배우는 여러분, 그대들이 부처가 되고 싶거든 만물에 이끌리지 마라. 마음이 생(生)하면 온갖 존재가 생하고 마음이 멸하면 온갖 존재가 멸한다. 한 마음이 나지 않으면 모든 존재한 것이 허물이 없다고 했다. 세간(世間)에 있어서나 출세간(出世間)에 있어서나 부처도 없고 법(法)도 없다.

설사 있다 해도 그것은 다 이름과 문장, 글귀에 지나지 않는다. 어린애를 달래는 방편의 약이고 무엇을 표현하는 이름 글귀에 지나지 않는다. 그리고 이름과 글귀는 제 자신이 이름과 글귀라고 하지 못한다.

그 실(實)은 나의 눈앞에서 명백하고 영묘하게 보고 듣고 아는 네 자신 그놈이 모든 이름과 글귀를 만들어내는 것이다. (道流 你欲得作佛 莫隨萬物 心生 種種法生 心滅 種種法滅 一心不生 萬法無咎 世與出世 無佛

無法 亦不現前 亦不曾失 設有者 皆是名言章句 接引小兒 施設藥病 表現名句 且名句 不自名句 還是你目前昭昭靈靈 鑑覺聞知照燭底 安一切名句)"

이렇게 임제스님은 말했다.

임제스님은 또,

"너의 목전에 역력한 것 한낱 형상도 없이 절대 홀로 자체만으로 명백한 이것이 법문을 설할 줄 알고 법문을 들을 줄 안다. 바로 지금 눈앞에 혼자 밝아서 분명히 법문을 듣는 자 이 사람이야말로 어느 곳에든지 걸리지 않고 시방세계를 꿰뚫어서 삼계에 자유자재하게 행동한다.(你目前歷歷底 勿一箇形段孤明 是箇解說法聽法. 即今目前孤明歷歷地 聽者此人處處不滯 通貫十方 三界自在)."라고 말한 것은 소소영영한 자리를 밝힌 것이다.

잠이 꽉 들어서 꿈도 없고 생각도 없으며 볼 수도 없고 들을 수도 없을 때에 주인공이 어느 곳에 있는가? 이것을 명백히 확철(廓徹)하면 소소영영한 자리를 안다.

임제스님의 할(喝)

무위진인(無位眞人)이 가장 단적으로 구체적으로 직접 표현할 때에 할(喝)을 한다. 임제종풍(臨濟宗風)은 할로 표현하게 된 것이다.

임제할을 알려면 임제 빈주구(賓主句)를 알아야 한다.

"그날 전당(前堂) 후당(後堂)의 두 수좌가 만나자마자 동시에 할을 했다. 그것을 본 한 스님이 임제스님에게 물었다. '도리어 손님과 주인의 구별이 있습니까?'

임제스님이 말했다. "손님과 주인의 구별이 명백하다." 스님이 이르시기를 "대중아 임제의 손님과 주인의 글귀를 알려거든 선당(禪堂) 안에 있는 두 수좌에게 물어 보아라. (是日 兩堂首座相見同時下喝, 僧 問師 還有賓主也無. 師云 賓主歷然 師云 大衆 臨濟賓主句 問取堂中二首座)"하시고 바로 법좌(法座)에서 내려왔다.

임제할을 더욱 자세히 참구하려면 임제사할(臨濟四喝)을 실참(實參)하여야 한다고 생각한다.

"임제스님은 스님에게 물었다. '어떤 때의 일할(一喝)은 금강왕보검(金剛王寶劍)같고 어떤 때의 일할은 대지에 웅크리고 걸터앉은 금모(金毛)의 사자같고, 어떤 때의 일할은 어부가 엄탐(嚴探)하는 장대와 그림자 풀과 같고 어떤 때의 일할은 일할의 작용을 하지 않나니 너는 어떻게 아느냐?' 스님이 무엇이라 말하려 하니 임제스님은 바로 할을 했다. (師問僧 有時一喝 如金剛王寶劍 有時一喝 如距地金毛獅子 有時一喝 如探竿影草 有時一喝 不作一喝用 汝作麼生會 僧擬議 師便喝)"

  임제 빈주구(賓主句)나 임제사할을 해설하면 여러 사람을 속이는 것이 되고 불법을 망치는 일이 되므로 나는 여러 사람이 한 입으로 한강수를 마셔 삼킴을 기다려서 바로 여러분에게 말하기로 한다. 여러분! 알겠는가? 할!

참사람(眞人)의 작용

우리 인류는 근세에 와서 이성적으로 세계 역사를 창조해온 결과로 현재 놀랄 만큼 진보 발전을 이룩했다. 이것은 축복할 만한 것이라고 하겠다.

그러나 이성적으로 형성한 과학문명은 오늘의 인간으로부터 주체성을 상실하게 했고 윤리적으로 타락하게 했다고 말하지 않을 수 없다. 참사람의 입장은 근원적 주체성을 확립할 수 있으며 절대 평등한 입장에서 서로 존중하고 사랑하고 도와서 윤리질서를 바로 잡을 수 있다고 생각한다. 이와 같이 함으로써 과학문명을 더욱 발전시키는 동시에 과학문명이 인류를 행복하게 할 수 있는 것이 된다고 생각한다. 그러면 참사람과 이성과의 관계를 여기에서 다시 말해 보겠다.

참사람이 자각하게 되면 감성과 이성은 참사람이 출현 작용하는 것이다. 참사람은 이성을 초월하여 자유자재하게 이성적으로 활동한다.

참사람은 이성과 감성을 초월하면서 이성과 감성에 타당한 정위(定位)를 주어서 자유자재하게 활동하게 한다. 참사람의 바탕에서 과학문명이 새로 창조되므로 현대의 위기를 극복, 타개할 수 있다고 생각한다.

임제스님은 참사람이 종교적, 이성적, 감성적으로 자유자재하게 출현작용하면서 거기에 물들지 않음을 아래와 같이 말했다.

"도를 닦는 여러분, 내 설법은 무슨 법을 설하는 것인가? 심지법(心地法)을 설하는 것이다. 심지법이 바로 능히 범부의 경지로 들어가고 성인의 경지로 들어가며 깨끗한 데 들어가고 더러운 데 들어가며 진(眞)에도 들어가고 속(俗)에 들어가는 것이다. 요컨대 그대가 만든 진과 속, 범부와 성인이 모든 진속(眞俗) 범성(凡聖)에 이름을 지어 붙일 수는 없다. 이 진속범성이 사람에 대해서 이름을 지어 붙일 수는 없는 것이다. 도를 배우는 사람들이여, 마음을 잡아 얻어, 바로 작용해서 다시는 이름에 착(著)하지 말라. (道流 山僧說法 說什麼法 說心地法 便能入凡入聖入淨入穢 入眞入俗 要且不是 你眞俗凡聖 能與一切眞俗凡聖 安著名字 直俗凡聖 與此人安著名字不得 道流 把得使用 更不著名字)"고 했으며,

"바로 지금 눈앞에 홀로 밝아서 분명히 법문을 듣는 자, 이 사람이야말로 어느 곳에든지 걸리지 않고 시방세계를 꿰뚫어서 삼계에 자유자재하게 행동한다. 일체경계(一切境界)의 차별 속에 들어가도 거기에 이끌리지 않는 일찰나(一刹那) 사이에 법계에 뚫어 들어가서 부처를 만나면 부처에게 설하고 조사를 만나면 조사에게 설하고 나한을 만나면 나한에게 설하고 아귀를 만나면 아귀

에게 설한다. (卽今目前孤明歷歷地 聽者此人 處處不滯 通貫十方 三界自在 入一切境差別 不能回換 一刹那間 透入法界 逢佛說佛 逢祖 說祖 逢羅漢 說羅漢 逢餓鬼 說餓鬼)"라고 하며,

"너희들은 언제 어디서나 범부의 경지에도 들어가고 성인의 경지에도 들어가며 모든 국토에 들어가고 미륵의 누각에도 들어가며 비로자나법계에도 들어가서 도처에 다 국토를 나누어서 성주괴공(成住壞空)한다. 부처는 이 세상에 나오셔서 위대한 법문을 하시고 열반에 드신다. 그러나 오시고 가시는 모양을 보지 못한다. 그 나고 죽는 것을 구해 보아도 아주 얻어 볼 수가 없다. (你但一切入凡入聖 入染入淨 入諸佛國土 入彌勒樓閣 入毘盧遮那法界 處處皆現國土 成住壞空 佛出干世 轉大法輪 却入涅槃 不見有去來相貌 求其生死 了不可得)"라고 하였고,

"경계를 사용한 사람을 보면 이것은 모두 부처의 깊은 뜻이다. 부처의 경지는 자기가 '내가 부처의 경지다.'라고 말할 수 없다. 바로 이 의지함이 없는 도인이 경계를 사용하여 나오는 것이다. 만일 어떤 사람이 나와서 나에게 부처를 구한다고 말하면 나는 바로 청정한 경지로 나투어서 나온다. 어떤 사람이 나에게 보살을 물으면 나는 바로 자비의 경지로 나투어서 나온다. 어떤 사람이 보리를 물으면 나는 바로 정묘(淨妙)한 경지(境地)로 나투어서 나온다. 어떤 사람이 나에게 열반을 물으면 나는 바로 적정(寂靜)한 경지로 나투어서 나온다. 경계는 여러 가지 차별이 있지만 사람은 다르지 않다. 그러므로 물건에 응하여 형상을 나누는 것이

물속에 비치는 달과 같다. (却見乘境底人 是諸佛之玄旨 佛境不能自稱我是佛境 還是這箇無依道人 乘境出來 若有人出來 問我求佛 我卽應淸淨境出 有人問我菩薩 我卽應慈悲境出 有人問我菩提 我卽應淨妙境出 有人問我涅槃 我卽應寂靜境出 境卽萬般差別 人卽不別 所以 應物現形 如水中月)"라고 하였으며,

"나는 너희들과 같이 정묘국토중(淨妙國土中)에 들어가서 청정의(淸淨衣)를 입고 법신불을 설한다. 또 무차별국토중(無差別國土中)에 들어가서 무차별의(無差別衣)를 입고 보신불을 설한다. 또 해탈국토중(解脫國土中)에 들어가서 광명의(光明衣)를 입고 화신불을 설한다. 이 삼안국토(三眼國土)는 다 내가 행동하는 데에 따라서 만들어진 경계의 변화에 지나지 않는다. 경론을 연구하는 교학자의 입장으로는 법신을 가지고서 근본을 삼고 보신·화신을 용(用)으로 삼는다. 그러나 나의 견지로는 이 법신도 법을 설할 줄을 모른다. 그러므로 옛사람도 말하기를 '의미, 도리로 세운 것이고 불국토는 법성(法性)의 본체에 의해서 논한 것이다.'라고 했다.

그러므로 법성의 불신과 법성의 불국토는 건립한 법이고 의지해서 생각한 국토라는 것을 분명히 알 수 있다. (我共你入淨妙國土 著淸淨衣 說法身佛 又入無差別國土中 著無差別衣 說報身佛 又入解脫國土中 著光明衣 說化身佛 此三眼國土 皆是依變 約經論家 取法身 爲根本 報化二身爲用 山僧見處 法身卽不解說法 所以 古人云 身依義立 土據體論 法性身 法性土 明知 是建立之法 依通國土)"라고 말씀하셨다.

참사람(眞人)과 범신론(汎神論) 및 신비주의

임제스님의 무위진인은 범신론과 동일시하기 쉽다. 그러나 범신론은 절대 아니다. 범신론은 신(神)의 바탕에서 우주가 성립한 것이라 한다. 신에서 우주만법이 분출하고 유출한 것이라 한다. 우주만법은 신이 바탕이 되어서 통합하는 것이라 한다. 그러나 무위진인(無位眞人)은 이러한 신을 부정하고 무한히 자기부정하는 동시에 능동적으로 적극적으로 무한히 자기 실현하여 참사람이 곧 우주만법이고 우주만법이 곧 참사람이다. 참사람이 목전현금(目前現今)에 구체적으로 활발발하게 활동하는 것이다.

우주만법과 참사람은 대립관계에 있는 것이 아니다. 참사람과 우주의 관계는 범신론과 다른 것이다.

불법을 범신론이라고 하는 사람도 있으나 사실은 불법은 범신론이라고 할 수 없다. 또 신비주의는 신인합일(神人合一)을 주장해서 선(禪)과 같다고 한다. 그러나 선은 신비주의라고 할 수 없다. 신비주의에 있어서는 신이 먼저 있어서 인간이 자기를 텅 비어서 신과 합일한다고 한다. 참사람은 본래의 자기여서 참사람이 자각함을 선의 견성이라 하지 않으면 안 된다. 참사람은 절대적 타자적인 신이 아니라 본래의 참나(眞我)인 것이다. 신비주의는 타자적인 신이 자기를 무(無)로 함으로써 자기와 합일하게 되는 것이다. 자기의 밖에 불(佛)이 없고 부처 밖에 자기가 없는 본래의 자기불(自己佛)이 자각하여 활동하는 것이 선의 입장인 것이다. 이 자기불(自己佛)은 시간을 초월한 시간의 근원이면서 현금(現今)에 활동하고 있으므로 현재하는 것이다. 이 자기불이 참사람이고 참사람이 공간적으로 세계를 형성하고 시간적으로 역사를 창조하므로 창조자라고 하지 않으면 안 된다.

모든 인간이 본래 참사람이므로 인류는 절대평등한 것이다. 인류는 신 앞에서 피조물로서 평등한 것이 아니라 인간이 모두 참사람인 창조자로서 절대평등한 것이다.

여기에 인간의 절대존엄성이 있고 개인과 개인, 집단과 집단, 국가와 국가가 서로 사랑하고 도울 수 있는 길이 있는 것이다. 여러 가지로 구구히 말을 많이 해왔다. 그러나 말에서 깨달아도 십만 팔천리나 어긋나고 말 밖에서 깨달아도 첩첩태산이 가로 막힘이다.

참사람을 깨달아도 진흙 속에서 흙덩이를 씻음이요, 참사람을 초월하더라도 대지를 파서 하늘을 찾으려 함이다. 필경, 이 입장을 어떻게 말하겠는가?

"만 길이나 높은 산봉우리 꼭대기를 외발로 행함이로다.(萬仞峰頭獨足.)"

"할(喝)!"

鎭州臨濟慧照禪師語錄序

延康殿學士 金紫光祿大夫 眞定府路安撫使
兼馬步軍都總管 兼知成德軍府事 馬防 撰

黃檗山頭에 曾遭痛棒하고 大愚肋下에 方解築拳이로다. 饒舌老婆
는 尿牀鬼子라하고 這風顚漢이 再捋虎鬚로다 巖谷에 栽松하니 後人
標榜이로다 钁頭斸地하니 幾被活埋로다 肯箇後生하고 嚞口自搞이삿
다 辭焚机案하고 坐斷舌頭로다 不是河南이면 便歸河北이니라 院臨
古渡하야 運濟往來로다 把定要津하니 壁立萬仞이로다 奪人奪境하
야 陶鑄仙陀로다 三要三玄으로 鈐鎚衲子로다 常在家舍하야 不離途
中이로다 無位眞人이 面門出入이로다 兩堂齊喝에 賓主歷然이로다 照
用同時에 本無前後로다 菱花對像하며 虛谷傳聲이로다 妙應無方하야
不留朕跡이로다 拂衣南邁하야 戾止大名에 興化師承하야 東堂迎侍하
니 銅瓶鐵鉢이요 掩室杜詞로다 松老雲閑에 曠然自適이로다 面壁未
幾에 密付將終하니 正法을 誰傳고 瞎驢邊滅이니라 圓覺老演이 今爲
流通하야 點檢將來에 故無差舛이로다 唯餘一喝하야 尙要商量하노라

具眼禪流는 冀無賺擧어다.
宣和庚子 仲秋日 謹序

---

1) 진주(鎭州)는 현재 중국 하북성 정정(正定)의 땅. 중당이후(中唐以後)로 이곳의 행정은 어지러워서 이 지방도 성덕부절도사(成德府節度使)의 독재적 실권 아래에 있었다.
2) 임제(臨濟): 임제스님이 머문 소원(小院)의 이름. 호타하(滹沱河)의 '나루에 임(臨)'하였으므로 임제라 했음.
3) 혜조선사(慧照禪師): 당조(康朝) 제17대 의종(懿宗 859-873)이 임제스님에게 증(贈)한 칙시호(勅諡號).
4) 어록(語錄): 선사일대(禪師一代)의 언어와 행장을 제자들이 기록한 선문학(禪文學) 특유의 문헌. 송조 이후는 유가도 이를 모방하여 일가의 어록을 편찬하게 됨.
5) 서(序): 본록(本錄)은 송원(宋元)시대에 넷의 서문이 있다 한다. 이 중에 마방(馬防)의 서가 최고이며 고래(古來)로 이 서는 어록중(語錄中)에 중요한 사적(事蹟)과 법문을 잘 쓴 명문이다.
6) 연당전학사(延唐殿學士): 관명, 한림원학사(翰林院學士)의 아래에 있어서 사방에서 서주(書奏)한 것을 진독(進讀)하는 직(職).
7) 금자광록대부(金紫光錄大夫): 금장자수(金章紫綬)를 대(帶)한 관명(宮中顧問).
8) 진정부로안무사(眞定府路安撫使): 당대(庫代)의 진주를 5대후당(五代後唐)에 질정부(質定府)로 개칭하고 송 이후는 이에 종(從)했다. 송대의 지방행정의 구획이니 전토(全土)를 이십사로(二十四路)로 나눈 것. 안무사(安撫使)는 본래 중앙정부에서 파견한 지방순찰관이요, 병사(兵

事) 민사(民事)의 양사(兩事)를 통괄했으며 지방장관을 겸했다.
9) 마보군도총관(馬步軍都總管): 금위(禁衛)의 최고무관, 마군과 보군의 양군을 총괄하는 총관의 뜻.
10) 성덕군부사(成德軍府事): 진주에 주재한 문무 겸임한 지방장관.
11) 마방(馬防): 미상(未詳).
12) 황벽산두운운(黃檗山頭云云): 311쪽 이하 臨濟大悟 참조.
13) 대우조하운운(大愚助下云云): 311쪽 이하 臨濟大悟 참조.
14) 요설노파운운(饒舌老婆云云): 311쪽 이하 臨濟大悟 참조.
15) 저풍전한운운(這風顚漢云云): 311쪽 이하 臨濟大悟, 233쪽 이하 黃檗一轉語 참조.
16) 암곡재송운운(巖谷栽松云云): 320쪽 이하 臨濟栽松 참조.
17) 곽두촉지운운(钁頭钃地云云): 326쪽 이하 活埋 참조.
18) 긍개후생운운(肯箇後生云云): 329쪽 이하 臨濟閉却目 참조.
19) 사분기안운운(辭焚机案云云): 342쪽 이하 破夏因緣 참조.
20) 불시하남운운(不是河南云云): 342쪽 이하 破夏因緣 참조.
21) 탈인탈경운운(奪人奪境云云): 101쪽 이하 臨濟四料簡 참조.
22) 선타(仙佗): 선타바(仙陀婆)의 약(略). 염(鹽) 기(器) 수(水) 마(馬)의 사의(四義)가 있는데 왕이 선타바를 구하면 현명한 신하는 그 의중을 살펴서 그 하나를 골라서 드렸다 함. 『열반경(涅槃經九卷) 권9』에 있는 이야기로, 훌륭한 제자를 비유로 말한 것.
23) 삼요삼현운운(三要三玄云云): 94쪽 이하 三句, 三玄, 三要 참조.
24) 검추(鈐鎚): 단련(鍛鍊)의 뜻.
25) 보자(補子): 누더기를 입고 수도하는 사람의 뜻.
26) 상재가사운운(常在家舍云云): 92쪽 이하 途中과 家舍 참조.
27) 무위진인(無位眞人): 76쪽 이하 一無位眞人 참조.
28) 양당제할운운(兩堂齊喝云云): 80쪽 이하 賓主歷然 참조.
29) 능화대상운운(菱花對像云云): 고대의 거울은 능화(菱花) 모양이었으므

로 거울을 능화라고 함.
30) 흥화사승운운(興化師承云云): 흥화존장(興化存奬 830~888)은 임제스님의 법사(法嗣).
31) 동당(東堂): 본 절의 대중이 거처하는 요사채.
32) 면벽미기운운(面壁未幾云云): 임제스님이 말후(末後)에 삼성(三聖)에게 정법을 밀부(密付)한 것을 말함.
33) 원각노연(圓覺老演): 복주(福州) 고산(鼓山)의 원각종연선사(圓覺宗演禪師). 운문팔세법손(雲門八世法孫)이고 『운문록(雲門錄)』을 중간했다.
34) 상량(商量): 물건의 가치를 헤아리는 뜻. 전해서 문답 또는 참구를 말함.
35) 선류(禪流): 선인(禪人)들, 도류(道流)와 같은 뜻.
36) 선화경자운운(宣和庚子云云): 송(宋)나라 휘종시대(徽宗時代), 선화이년(宣和二年 1120) 임제멸후(臨濟滅後) 254년이다.

강설

진주 임제혜조선사어록서

연강전학사 금자광록대부 진정부로안무사
겸마보군도총관 겸지성덕군부사 마방 지음

  임제스님은 황벽산에서 황벽스님의 통방(痛棒)을 얻어맞고 대우(大愚)스님의 갈빗대 밑을 비로소 주먹으로 쥐어박을 수 있었다.
  잘 지껄이는 대우스님은 임제스님을 "이 오줌싸개!"라하고, 황벽스님은 "이 미친놈이 다시 범의 수염을 만지는구나"라고 했다.
  깊은 산 암곡(岩谷)에 소나무를 심어 후인의 표방(標榜)을 삼았다. 괭이로 땅을 파서 황벽스님과 수좌(首座)는 거의 생매장당할 뻔했다.
  황벽스님은 후배를 긍정하고 바로 입을 스스로 쳤다.
  임제스님은 사퇴할 적에 황벽스님의 인가의 증거인 궤안(机案)을 불사르라 하고 황벽스님은 천하 사람의 혀끝을 끊기 위하여 가지고 가라 하였으니 하남(河南)이 아니면 하북(河北)으로 돌아가느니라.
  임제원(臨濟院)은 옛 나루에 임(臨)해서 왕래인을 운반제도(運搬濟度)하였다. 긴요한 나루를 잡아 쥐니 만 길이나 되는 절벽이다.

주체를 뺏고 객체를 빼앗아서, 날카로운 선객(禪客)을 도주(陶鑄)함이요, 삼요(三要) 삼현(三玄)으로 운수납자를 단련하도다. 항상 집에 있어서 도중을 여의지 않으니 지위 없는 참사람이 면문(面門)으로 출입하도다. 양당(兩堂)의 수좌가 동시에 할을 함에 주인과 손님이 명백하구나, 조(照)와 용(用)이 동시라 본래 전후가 없으며 거울은 모든 물건을 그대로 비추고 텅빈 골짜기는 소리를 무심히 전한다.

자유자재하게 상대방에 응하여 아무 자취가 없고 옷자락을 걷어 부치고 결연히 남으로 가서 대명부 흥화사(大名府 興化寺)에 머물렀다.

흥화사의 존장(存獎)스님이 임제스님에게 법을 받고 동당(東堂)에 맞아서 시봉했다. 살림은 동병(銅瓶)과 철발(鐵鉢)뿐이요, 집의 문을 꼭 닫고 말을 하지 않았다. 소나무는 늙었고 구름은 한가로워 이 가운데 걸림 없이 소요자재하도다.

면벽생활을 한지 오래지 않아 삼성(三聖)과 말후(末後) 문답을 하여 정법(正法)을 밀부(密付)함이 끝나려 했다.

"나의 정법안장(正法眼藏)을 누가 전할까? 이 눈먼 나귀한테서 멸(滅)해 버린다."

원각종연(圓覺宗演) 노스님이 이제 이 어록을 간행하여 임제스님의 정법을 유통하는데 잘 교정하여서 틀림이 없도다.

오직 일 할을 남기노니 임제록의 근본이 되는 말 밖의 살아있는 법을 상량(商量)하지 않으면 안 된다.

밝은 눈을 갖춘 선객들은 바라노니 잘못 읽지 말지어다.

선화경자 이년 중추일 삼가 서(序)를 쓰다.

鎭州臨濟慧照禪師語錄
住三聖嗣法小師慧然集

진주 임제혜조선사어록
삼성(三聖)에 머물며 법을 이은 소사 혜연(慧然)이 편집하다.

---

1) 사법소사(嗣法小師): 스승의 법을 이어 받은 제자라는 뜻.
2) 혜연집(慧然集): 혜연스님이 임제스님이 열반하실 때에 정법안장(正法眼藏)의 부촉(付囑)을 받은 고제(高弟)이다. 본 임제록(本臨濟錄)을 전부 그대로 삼성혜연이 편집한 것이라고 할 수는 없으나 그 원형이 임제스님 열반 후에 혜연의 이름으로 편집된 듯하다. 삼성(三聖)은 진주에 있었던 절 이름.

上堂

王常侍가 法問을 請함

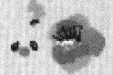

府主王常侍가 與與諸官으로 請師陛座하다 師上堂云, 山僧이 今日에 事不獲已하야 曲順人情하야 方登此座로다 若約祖宗門下하야 稱揚大事컨댄 直是開口不得하고 無你措足處니라 山僧이 此日에 以常侍堅請하니 那隱網宗이리오 還有作家인 戰將이 直下에 展陣開旗麽아 對衆證據看하라 僧이 問如何是佛法大意이닛고 師便喝하시다 僧이 禮拜한대 師云這箇師僧이 却堪持論이로다 問師唱誰歌曲이며 宗風은 嗣阿誰오 師云我在黃檗處하야 三度發問에 三度被打하다 僧이 擬議에 師便喝하시고 隨後打云不可向虛空裏하야 釘橛去也니라

有座主問 三乘十二分敎가 豈不是明佛性이리오 師云 荒草에 不曾鋤로다 主云佛豈賺人也리오 師云佛在什麽處오 主無語어늘 師云對常侍前하야 擬瞞老僧이니 速退速退하라 妨他別人請問이로다

復云此日法筵이 爲一大事故니 更有問話者麽아 速致問來하라 你纔開口하면 早勿交涉也이니 何以如此오 不見가 釋尊이 云法離文字하니 不屬因不在緣故라 하셨거늘 爲你信不及이라 所以로 今日

葛藤하노라 恐滯常侍與官員으로 昧他佛性이로니 不如且退니라 喝
一喝云 少信根人은 終無了日이니라 久立하니 珍重하라.

---

1) 부주왕상시(府主王常侍): 부주(府主)는 지방장관(地方長官)의 뜻이니 여기는 하북부(河北府)의 장관(長官), 왕은 왕씨(王氏) 상시는 실관(實官)이 아니고 일종의 훈기(勳記), 본래 왕의 좌우에 시(侍)하여 제사(諸事)를 주(奏)하는 관(官)을 말함. 산기상시(散騎常侍)의 약(略). 이 왕상시가 임제스님을 진주로 초청했다고 생각한다. 당시 진주는 중당(中唐)이후 왕씨 일족이 독재 권력을 장악하여 마치 소 독립정권과 같이 중앙정부에 대항한 듯하다. 이 왕씨 일족의 선대가 임제록 개권벽두(開卷劈頭)의 부주 왕상시라고 생각한다.
   종래의 임제록 주석자(註釋者)는 부주 왕상시(王常侍)를 위산영우(潙山靈祐)에 사법(嗣法)한 거사(居士) 양주(襄州) 왕경초(王敬初)라고 하여 후대에 편(編)한 사전(史傳)의 서(書)는 왕경초(王敬初) 전중에 임제와의 기연문답(機緣問答)을 싣고 있으나 고(古)기록에는 왕경초와 왕상시를 동일시한 것이 없다고 야나기타 세이잔(柳田聖山)교수는 말한다.
2) 승좌(陞座): 법좌에 올라가서 설법하는 것.
3) 상당(上堂): 주지나 방장이 일정한 날에 법당에 올라가서 설법하는 것.
4) 의의(擬議): 의(擬)는 하려고 한다는 뜻. 의의(擬議)는 ——을 말하려고 한다는 뜻.
5) 수후(隨後): 바로라는 뜻. 시간적으로 말하는 것이지 배후(背後)의 뜻이 아님.
6) 황초부증조(荒草不曾鋤): 이 말에 일본의 아사히나 소우겐(朝比奈宗源) 선사는 "네가 그래서야 실지수행(實地修行)이 조금도 되어 있지 못하구

나."라고 말했고 아키츠키 료민(秋月龍珉) 교수는 "무어! 불성이라고? 나에게는 그러한 것 소용없다. 나는 이 무명망상의 거친 풀 그대로 무명실성(無明實性)이 곧 불성의 뜻으로 알아서 나는 무명번뇌의 거친 풀을 한 번도 벤 일이 없다"라고 말했다. 이 두 분의 경지는 전자보다 후자가 더 깊다고 하겠다.

"거친 풀밭에 호미질을 않는다."의 말을 나는 이렇게 본다.

"원앙새를 수놓았으니 그대는 마음대로 보라, 그러나 금바늘을 사람에게 주지 말라. (鴛鴦繡了從君看이나, 莫把金針度與人하라)."

7) 좌주(座主): 경전을 강설하는 교종(敎宗)의 스님.
8) 삼승십이분교 (三乘十二分敎): 삼승은 성문, 연각, 보살. 십이분교는 불교를 십이로 분류한 것으로 장행(長行), 중송(重頌), 병수기(並授記), 고기(孤起), 무문자답(無問自答), 인연, 비유급본사(譬喻及本事), 본생(本生), 방광(方廣), 미증유(未曾有), 의론(議論).
9) 갈등(葛藤): 문자 연구에 집착하는 것. 또는 문자 연구를 말함.
10) 구립진중(久立珍重): 주지가 설법할 적에 청중이 서서 청법하는 습관이었으므로 오래 서서 수고했다는 말.
11) 진중(珍重): 서로 이별할 때에 몸을 귀중히 하라는 인사말.

강설

왕상시가 법문을 청함

하북부의 절도사인 왕상시는 여러 관원과 함께 임제스님께 법좌에 올라 법문하시기를 청했다.

스님이 상당하여 말하였다.

"산승(山僧)이 오늘 부득이 굽혀 인정에 따라 방금 이 법좌에 올라왔다. 만일 조사문중(祖師門中)의 종지상(宗旨上)으로 말하자면 감히 입을 열어 말할 수 없고, 발붙일 곳이 없다. 그러나 산승이 오늘 왕상시가 굳이 청하거늘 어찌 근본종지를 숨기겠느냐? 훌륭한 선장(禪將)은 바로 진(陣)을 쳐서 깃대를 꽂고 법전(法戰)을 해보자. 대중 앞에서 증명해 보자."

그때에 젊은 스님이 물었다.

"불법의 극치는 무엇입니까?"

스님이 바로 할(喝) 하시니 젊은 스님은 예배를 했다. 스님이 말했다.

"이 스님은 같이 말을 할 만 하구나."

또 다른 승려가 물었다.

"스님께서는 뉘 집의 곡조를 부르시며 종풍(宗風)은 누구를 이었습니까?"

스님은 말했다.

"내가 황벽스님에게 세 번 묻고 세 번 얻어맞았다."

승려가 또 무슨 말을 하려하니까 스님은 문득 할을 하시고 바로 한 차례 때린 다음 이르기를

"허공에다 말뚝을 박아서는 안 된다."

좌주(座主)가 물었다.

"삼승십이분교인 팔만대장경이 어찌 불성을 밝힌 것이 아니겠습니까."

스님은 말하였다.

"거친 풀밭에 호미질을 않는 것이니라."

좌주(座主)가 말했다.

"부처님이 어찌 사람을 속이겠습니까?"

스님이 말하기를

"부처님이 어디 있느냐?"

좌주(座主)가 말을 못했다. 스님이 말했다.

"상시(常侍) 앞에서 나를 속이려 하는구나! 당장 물러가라, 당장 물러가라. 다른 사람이 묻는데 방해된다."

다시 스님이 말했다.

"오늘 법문자리는 일대사를 밝히기 위함이니 다시 묻고자 하는 이가 있느냐, 속히 물으라. 그러나 네가 조금이라도 입을 열

면 벌써 틀려버린다. 왜냐하면 석존께서도 말씀하시지 않았는가? 법은 문자를 여의었으니 인(因)에도 속하지 않고 연(緣)에도 있지 않는 까닭이다."라고 하셨거늘 너희들은 신(信)이 철저하지 못하므로 오늘 복잡하게 말하는 것이다. 상시(常侍)와 모든 관원들이 저희들 불성을 매(昧)하게 할까 걱정이 되므로 나도 물러감이 좋겠다."

일할을 하고 말하였다.
"신(信)이 적은 사람은 깨달을 날이 없구나, 오랫동안 서 있었으니 그만 평안히 하라."

착어(着語)

只解用劍刃上事하고 不解向劍裡藏身이로다.
袖中拈出鐵如意하야 擊碎珊瑚撐月枝로다.

다만 칼날 위의 일만을 쓸 줄 알고
칼날 속에 몸을 감출 줄을 알지 못하도다.
소매 속에서 무쇠 여의봉을 잡아내서
달 비친 산호가지를 쳐부수도다.

大悲千手眼의 正眼

　　師因一日到河府하니 府主王常侍가 請師陞座하다 時에 麻谷이 出問호대 大悲千手眼에 那箇是正眼이닛고 師云 大悲千手眼에 那箇是正眼이닛고 速道速道하라 麻谷이 曳師下座하고 麻谷은 却坐하다 師近前云不審커라 麻谷이 擬議어늘 師亦曳麻谷下座하고 師却坐하다 麻谷이 便出去어시늘 師便下坐하시다.

---

1) 이 법문은 고래로 빈주호환(賓主互換)의 기(機)를 보인 것이라 해서 유명하다.
2) 마곡(麻谷): 포주마곡산(蒲州麻谷山)에 주석한 선사(禪師), 이름은 불명. 일반으로 마조법사보철(馬祖法嗣寶徹)이라고 함.
3) 불심(不審): '살피지 못했습니다'라는 말이며 보통 아침 인사말, 안녕하십니까? 라는 뜻. 진중(珍重)은 보통 저녁 인사말 '안녕히 주무십시오'라는 뜻.

강설

대비천수안의 진짜 눈

임제스님이 인(因)하여 어느 날 하북부에 갔다.
장관 왕상시가 법문을 청하므로 스님은 법좌에 올라가셨다.
그때, 마곡화상이 나와서 물었다.
"대비관세음보살의 천수천안에 어떤 것이 정안입니까?"
스님이 말했다.
"대비관세음보살의 천수천안에 어떤 것이 정안입니까. 속히 말하시오. 속히 말하시오."
마곡스님은 임제스님을 법좌에서 끌어내리고 마곡스님은 도리어 자기가 앉았다.
임제스님이 가까이 나가서 "안녕하십니까." 하고 말하니, 마곡이 무엇이라 말하려 함에 임제스님이 또한 마곡스님을 법좌에서 끌어 내리고 자기가 앉았다. 그랬더니 마곡화상이 나가버리는지라 임제스님도 법좌에서 내려왔다.

착어(着語)

石虎咆哮上九天하고 泥牛入海無尋處로다.
無毛鷂子貼天飛로다.
殺活不費纖毫力하니 火裏蜈蚣吞大虫(虎)이로다.

돌호랑이는 고함지르며 높은 하늘로 올라가고
진흙소는 바다로 들어가서 찾을 곳이 없도다.
털이 없는 매가 하늘에 붙어서 날으도다.
죽이고 살림에 털끝만큼의 힘도 쓰지 않으니
불 속의 지네가 호랑이를 삼키도다.

一無位眞人

上堂云赤肉團上에 有一無位眞人하야 常從汝等諸人面門出入하나니 未證據者는 看看하라 時에 有僧이 出問호대 如何是無位眞人이닛고 師下禪床하야 把住云 道道하라 其僧이 擬議어늘 師托開云 無位眞人은 是什麼乾屎橛인고 하시고 便歸方丈하시다.

---

1) 적육단상(赤肉團上): 육체, 『조당집』에서는 "오음신전내(五陰身田內)", 송판(宋版) 『전등록』에서는 "육단심상(肉團心上)"이라 했다.
2) 무위진인(無位眞人): 차별 없는 참사람. 무위진인은 임제종풍을 잘 드러낸 말의 하나라고 하겠다. 임제록에는 이 밖에 무위도인, 청법저인(聽法底人)등 인(人)자를 196회나 사용하고 있다.
육조스님은 견성(見性)이니 자성(自性)이니 말을 하며 자성(自性)을 많이 주장했고, 마조스님은 "평상심시도(平常心是道)", "즉심즉불(卽心卽佛)"을 말해서 심(心)자를 많이 사용하고 묘용(妙用)을 역설하여 대기대용(大機大用)의 선(禪)으로 되었다. 임제스님에 와서 인(人)을 주장하여 일체의 주(住)함이 없이 자유자재 하게 현실에 구체적으로 행동함을 표현했다. 육조의 자성보다 마조의 심(心)이 더 활동적이 되고 임제의 인(人)에 와서는 더욱 행동적이라고 하겠다. 중생과 부처도 없고 인간과 우주도 없고 시간도 없는 참사람이 자유자재하게 행동하는 것이야말로 가장 훌륭한 것이 아니겠는가.

3) 면문(面門): 본래는 입의 뜻, 여기서는 안이비설신의(眼耳鼻舌身意) 육근문(六根門)을 말함.
4) 건시궐(乾屎橛): 마른 똥 막대기.
5) 방장(方丈): 주지의 거실.

차별 없는 참사람

임제스님이 법당에 올라가서 말했다.

"빨간 몸 덩어리 위에 한 차별 없는 참사람이 있어서 항상 여러분의 눈, 귀, 코, 입 등을 통해서 출입한다. 아직 똑똑히 보지 못한 사람은 보아라. 보아라."

그때에 한 승려가 나와서 물었다.

"어떤 것이 차별 없는 참사람입니까?"

임제스님이 선상(禪床)을 내려와서 그 승려의 멱살을 움켜잡고 말했다.

"말해라. 말해라."

그 승려가 무엇이라고 말하려 하매 임제스님은 밀쳐버리고 하는 말이 "차별 없는 참사람은 이 무슨 마른 똥 막대기냐."하고는 바로 방장실로 돌아가 버렸다.

착어(着語)

獅子窟中에 無異獸하고 象王行處絶狐蹤이니라.
威音王已前에 三脚驢兒踢跳하고 威音王已後에
臨濟老人絶消息이로다.

사자굴 속에 다른 짐승이 없고,
코끼리 가는 곳에 여우 자취가 끊어졌느니라.
위음왕 이전에 세 다리의 나귀가 벌떡 뛰고 위음왕 이후에는
임제 노인의 소식이 끊겼도다.

賓主歷然

上堂에 有僧이 出禮拜어늘 師便喝한대 僧 云 老和尙은 莫探頭하야사 好니다. 師云 你道落在什麼處오 僧이 便喝하다 又有僧이 問호대 如何是佛法大意이닛고 師便喝어늘 僧이 禮拜한대 師云 你道好喝也無아 僧云 草賊大敗로다. 師云 過在什麼處오 僧云 再犯不容이니이다 師便喝하시다 是日에 兩堂首座相見에 同時下喝하다 僧이 問師호대 還有賓主也無이닛가 師云 賓主歷然이니라 師云 大衆아 要會臨濟賓主句댄 問取堂中二首座하라 하시고 便下座하시다.

---

1) 초적대적(草賊大賊): 초적은 초야(草野)의 적(賊). 당조(唐朝)의 정치에 반대한 민중이 봉기한 것을 말함.
2) 양당수좌(兩堂首座): 중앙에 봉안(奉安)한 문수대사(文殊大士) 혹은 관세음보살, 달마대사(達磨大師)를 중심으로 해서 선당(禪堂)을 양분하여 전문(前門)쪽을 전당, 후문쪽을 후당이라 한다. 수좌는 당내 제일 좌.
3) 빈주역연(賓主歷然): 아키츠키 료민(秋月龍珉)교수가 이르기를 "진(眞)

의 한 할은 무위진인의 가장 단적이고 직접(直接)인 작용인지라 따라서 본래일미평등(一味平等)이어야 하므로 그 사이에는 주객(主客)의 차별. 억지로 말하면 우열같은 것이 있을 수 없다. 그러나 진평등(眞平等)은 또한 바로 차별이어서 거기에 역연(歷然)한 주객(主客)의 구별이 있지 않으면 안 되는 것을 말한다."고 했다. 이와 같이 본다면 임제종지(臨濟宗旨)와는 틀린다고 보지 않을 수 없다. 왜 그러냐 하면 임제가 "비록 난리를 평정하게 하는 꾀는 있으나 몸을 뛰쳐나올 길이 없도다. 雖有定亂之謀나 且無出"라고 했기 때문이다.

강설

손님과 주인이 동시에 할하다

　임제스님이 법당의 법상에 오르자 한 스님이 나와서 예배하니 임제스님은 별안간 할을 했다.
　스님이 말했다.
　"노화상(老和尙)께서 시험하지 않으시는 것이 좋을 것입니다."
　임제스님은 말했다.
　"네가 어느 경지에 떨어져 있단 말이냐."
　스님이 바로 할을 했다.
　또 어떤 스님이 물었다.
　"어떤 것이 불법의 구경(究竟)의 뜻입니까?"
　임제스님은 바로 할을 하니 그 스님이 예배했다.
　임제스님은 말했다.
　"너는 이 할을 훌륭한 할이라고 이르느냐."
　스님이 이르되 "반란의 역적이 대패를 했습니다."
　임제스님이 말했다.
　"허물이 어느 곳에 있느냐?"

스님이 말했다.

"두 번이나 범(犯)하는 것은 용서하지 못합니다."

임제스님이 바로 할을 했다.

그 날, 전당 후당의 두 수좌가 서로 만나자마자 동시에 할을 했다. 그것을 본 한 스님이 임제스님에게 물었다.

"도리어 손님과 주인의 구별이 있습니까?"

임제스님이 말했다.

"손님과 주인의 구별이 명백하다."

스님이 이르시기를

"대중아, 임제의 손님과 주인의 글귀를 알려거든 선당(禪堂) 안에 있는 두 수좌에게 물어 보아라."

그리고는 바로 법좌(法座)에서 내려왔다.

착어 (着語)

退後退後어다 看看하라. 雙劍倚空飛로다. 箭過新羅라.

뒤로 물러가고 뒤로 물러갈지어다.
보고 보아라.
쌍칼이 허공에 비껴 날음이로다.
화살이 신라를 지나갔다.

佛法大意

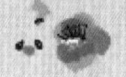

　上堂에 僧이 問호대 如何是佛法大意이닛고 師竪起拂子에 僧이 便喝 師便打하시다 又僧이 問호대 如何是佛法大意이닛고 師亦竪起拂子하니 僧이 便喝하다 師亦喝하니 僧이 擬議에 師便打하시다 師乃云大衆아 夫爲法者는 不避喪身失命이니라 我二十年에 在黃檗先師處하야 三度問佛法的的大意라가 三度蒙他賜杖하니 如蒿枝拂著相似하다 如今에 更思得一頓棒喫하노니 誰人爲我行得고 時에 有僧이 出衆云 某甲이 行得이니다 師拈棒與他한대 其僧이 擬接이어늘 師便打하시다.

---

1) 불자(拂子): 인도에서 모기나 파리를 쫓는 도구.

강설

불법의 큰 뜻은

임제스님이 상당(上堂)하시매 승려가 물었다.
"어떤 것이 불법의 구경(究竟)의 뜻입니까?"
임제스님이 불자(拂子)를 세우니 승려가 할을 하는지라 스님은 바로 때렸다. 또 다른 승려가 물었다.
"어떤 것이 불법의 구경의 뜻입니까?"
스님은 아까처럼 불자를 세우니 승려가 바로 할을 했다.
이에 임제스님도 할을 했다.
그러자 승려가 무엇이라 말하려 하니까 임제스님은 재빨리 쳤다.
스님이 말하시되
"대중아, 대저 불법을 구하는 이는 생명을 잃을까봐 겁내지 말라. 나는 이십 년 전에 황벽선사의 회하에 있을 적에 세 번 불법의 대의를 물었다가 세 번 다 얻어맞았다. 그러나 그것은 마치 부드러운 쑥대로 건드리는 것 같았다. 지금 다시 한 방망이 얻어맞고 싶구나. 나를 위하여 때려주지 않겠느냐?"
이때에 한 승려가 대중 가운데서 나와 말하기를

"제가 때리겠습니다."

임제스님은 방망이를 잡아서 승려에게 내주거늘 승려가 받아 잡으려고 하는데 그때 임제스님이 바로 후려쳤다.

착어(着語)

珊瑚枕上兩行淚여 半是思君半恨君이로다.
木人把板雲中拍하고 石女는 含笙井底吹로다.

산호 베개 위에 두 줄기 눈물이여
반은 그대를 생각함이요, 반은 그대를 한(恨)함이로다.
나무사람은 판자를 가지고 구름 속에서 장단을 치고
돌여자는 우물 속에서 피리를 불도다.

石室行者와 방아

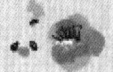

上堂에 僧이 問호대 如何是劍刃上事이닛고 師云 禍事禍事로다 僧이 擬議에 師便打하시다 問 祇如石室行者가 踏碓忘却移脚하니 向什麼處去이닛고 師云 沒溺深泉이니라 師乃云但有來者하면 不虧欠伊라 總識伊來處로니 若與麼來면 恰似失却이요 不與麼來면 無繩自縛이니라 一切時中에 莫亂斟酌하라 會與不會가 都來是錯이니라 分明與麼道로니 一任天下人貶剝하노라 久立珍重하라.

---

1) 화사화사(禍事禍事): 위험한 일을 당하여 무서워서 놀란 결에 하는 말.
2) 석실행자(石室行者): 청원하사세 석실선도(靑原下四世石室善道). 9세기 중엽 당무제 회창(會昌) 파불시(破佛時)에 환속해서 행자가 되어 방아 찧어서 대중스님에게 공양했다.

강설

어떤 것이 칼날 위의 일인가

임제스님이 상당하시니 승려가 물었다.
"칼날 위의 일은 어떤 것입니까?"
스님이 말했다.
"아아 위험하다."
승려가 무엇이라 말하려 할 때 스님이 바로 때렸다.
승려가 물었다.
"저 석실행자가 방아를 찧을 적에 다리 옮김을 잊어버렸다 하니 어떠한 경지에 있었습니까?"
스님이 대답하기를
"깊은 샘 속에 빠져 버렸다."
스님이 말했다.
"나에게 오는 사람을 절대로 잘못 보는 일이 없다. 그이가 온 곳을 모두 알아버린다. 만일 이렇게 오면 그 사람은 마치 자기를 잃어버린거나 다름없고 만일 이렇게 오지 않으면 그는 노끈 없이 자기를 자기 스스로 결박하는 것이다. 언제든지 함부로 사량

분별(思量分別)을 하지 말라. 아는 것과 알지 못하는 것은 모두 틀린 것이다. 나는 분명히 말한다. 천하 사람을 비난하려거든 마음대로 하라. 오래 섰으니 그만 편안히 하라."

착어(着語)

啼得血流無用處라 不如緘口過殘春이니라.
白雲盡處是靑山이라 行人이 更在靑山外로다.

울어서, 피까지 흘려도 소용없다.
입을 다물고 남은 봄을 지내는 것만 같지 못하니라.
흰구름 다한 곳이 이 푸른 산이라
행인이 다시 푸른산 밖에 있도다.

孤峰頂上과 十字街頭

上堂云 一人은 在孤峰頂上하야 無出身之路하고 一人은 在十字街頭하야 亦無向背하니 那箇在前이며 那箇在後오 不作維摩詰하고 不作傅大士어다 珍重하라.

---

1) 고봉정상(孤峰頂上): 외롭게 높이 솟은 산꼭대기이니 파정(把定)을 말한다.
2) 무출신지로(無出身之路): 전후좌우 모두 차별이 있는 몸을 뛰쳐 나는 길이 없으니 도로 차별의 세계라 방행(放行)을 말함.
3) 십자가두(十字街頭): 차별의 세계이니 방행(放行)을 말함.
4) 무향배(無向背): 앞과 뒤로 순종함과 배반함이 없다는 말이니 파정(把定)을 말함.
5) 유마힐(維摩詰): 석존 재세시(在世時) 비사리성에 살던 거사(居士), 유마힐은 범어이니 무구칭(無垢稱)이라 번역함.
6) 부대사(傅大士): 중국 양대(梁代)의 거사(497-569). 이름은 흡(翕), 선혜대사(善慧大士)라 함.

고봉정상과 십자가두에서의 진퇴양난

임제스님이 법당에 올라 이르시기를

"한 사람은 높고 높은 외로운 봉우리의 맨 꼭대기에 있어서 상(相)이 있는 몸을 초월하는 길이 없고 한 사람은 십자거리에 있으면서 앞과 뒤 또는 좌우의 차별이 없다. 어느 것이 앞에 있고 어느 것이 뒤에 있느냐. 유마힐과 부대사의 일이라고 하지 마라. 딴 곳에 있지 않고 딴 사람에게 있지 않느니라. 진중하라."

착어(着語)

長安은 雖樂이나 不是久居니라.
木人放歌하고 石女起舞로다.

장안은 비록 즐거우나 오래 살 것이 못되느니라.
나무사람은 한창 노래를 부르고 돌여자는 일어나서 춤추도다.

途中과 家舍

上堂云 有一人은 論劫在途中호대 不離家舍하고 有一人은 離家舍호대 不在途中이니 那箇合受人天供養고 便下座하시다.

---

1) 논겁(論劫): 겁은 범어이니 장시(長時)라고 역한다. 논겁은 영원의 뜻.
2) 도중(途中): 방행(放行), 십자가두(十字街頭).
3) 가사(家舍): 파정(把定), 고봉정상(孤峰頂上).

강설

천상의 공양

임제스님은 법당에 올라가서 말했다.
"한 사람은 영원히 도중에 있으면서 집을 떠나지 않고 한 사람은 집에서도 떠나가고 도중에도 있지 않으니 어떤 사람이 인간계, 천상계 공양을 받을 만 하겠느냐?"
하고, 바로 법좌에서 내려오셨다.

착어(着語)

座中에 亦有江南客하니 莫向人前唱鷓鴣하라.
木鷄는 夜半啼하고 鐵鳳은 天明叫로다.

이 자리 안에 또한 강남의 나그네가 있으니
사람 앞을 향하여 자고새 노래를 부르지 마라.
나무닭은 밤중에 울고 쇠봉황새는 새벽에 울도다.

三句, 三玄, 三要

　　上堂에 僧이 問호대 如何是第一句이닛고 師云 三要印開朱點側이요 未容 擬議主賓分이니라 問如何是第二句이닛고 師云 妙解는 豈容無著問이며, 漚和는 爭負截流機리요 問 如何是第三句이닛고 師云 看取棚頭弄傀儡하라 抽牽都來에 裏有人이로다 師又云 一句語는 須具三玄門이요 一玄門은 須具三要라 有權有用이니라 汝等諸人은 作麼生會오 下座하시다.

---

1) 삼구, 삼현, 삼요(三句, 三玄, 三要): 고인(古人)이 삼구에 대하여 제일구는 상신살명(喪身失命)이라 하고 여인인공(如印印空)이라 하여 감여불조위사(堪與佛祖爲師)라 했고 제이구는 미개구착(未開口錯)이라 하고 여인인수(如印印水)라 하여 감여인천위사(堪與人天爲師)라 했고 제삼구는 분기소추(糞箕掃箒)라 하고 여인인니(如印印泥)라 하여 자구불료(自救不了)라 했다. 삼요(三要)에 있어서는 일요(一要)는 대기원응(大機圓應), 이요(二要)는 대용전창(大用全彰), 삼요(三要)는 기용제시(機用齊施)라 하고, 삼현(三玄)에 있어서 현중현(玄中玄)은 이(理)라 하고 양

구(良久) 방할(棒喝)이라 하며 구중현(句中玄)은 지(智)라 하고 경절언구(徑截言句)라 하며 체중현(體中玄)은 행(行)이라 하고 삼세일념등(三世一念等)이라 했으나 이와 같이 천착(穿鑿)하면 임제종지와는 멀어지는 것이라 하겠다.
2) 묘해(妙解): 묘해는 문수보살이니 근본지(根本智)이다.
3) 무착(無著): 오대산화엄사(五臺山華嚴寺)의 무착이 대력2년(767)에 오대산에 가서 문수보살을 친견했다고 한다. 무착을 앙산(仰山)의 법사인 항주용천원(杭州龍泉院)의 문희(文喜 821~900)와 동일시하는 것은 잘못이다. 그 이가 무착선사의 칙시호(勅諡號)를 받은 것은 임제 몰후(沒後) 31년 건령 4년(897)이다.
4) 구화(漚和): 방편을 뜻하는 범어 Upaya의 중국식 발음 표기.
5) 유권유용(有權有用): 권(權)은 방편이니 실(實)에 대(對)함이요, 용(用)은 작용이니 조(照)에 대함이다.

강설

삼구, 삼현, 삼요(三句, 三玄, 三要)

임제스님이 법당에 올라가시니 승려가 물었다.
"어떤 것이 제일구입니까?"
스님이 대답했다.
"삼요인(三要印)을 찍고 뗀즉 빨간 점이 우뚝 나타난다. 말을 하려고 하기 전에 주인과 손님이 명백히 나누어진다."
승려가 물었다.
"어떤 것이 제이구입니까?"
스님이 말했다.
"근본지(根本智)인 문수보살이 무착이 묻는 것을 용납하겠느냐? 그러나 방편의 후득지(後得智)는 일체를 끊어버리는 근본지와 모순이 되겠느냐?"
승려가 물었다.
"어떤 것이 제삼구입니까?"
스님이 말했다.
"무대 위에 꼭두각시 놀리는 것을 잘 보아라. 줄을 당겨서 활

동시키는 것은 모두가 무대 속에 사람이 있어서 하는 것이다."

　스님이 또 말했다.

　"일구의 말은 삼현문(三玄門)을 갖추지 않으면 안 된다. 일현문(一玄門)은 삼요(三要)를 갖추지 않으면 안 된다. 거기에는 방편도 있고 작용도 있다. 너희들 여러 사람은 이것을 어떻게 알겠느냐?"

　하시고 법좌에서 내려왔다.

착어(着語)

臨濟老漢은 只見錐頭利하고 不知鑿頭方이로다.
何以如此오 蟭螟眼裏放夜市하고 大虫舌上打鞦韆이니라.

임제 늙은이는 다만 송곳 끝이 날카로운 것만 보고 끝머리 모난 것은 알지 못하도다.
어째서 이러한고. 아주 작은 벌레 눈 속에 야시(夜市)를 놓고 호랑이 혀 위에서 그네를 뛴다.

示衆

臨濟스님의 四料簡(其一)

師晩參示衆云 有時에는 奪人不奪境이요 有時에는 奪境不奪人이며 有時에는 人境俱奪이요 有時에는 人境俱不奪이니라 時에 有僧이 問 如何是奪人不奪境이닛고 師云 煦日이 發生에 鋪地錦이요 孾孩垂髮에 白如絲니라 僧이 云如何是奪境不奪人이닛고 師云 王令已行天下徧이요 將軍塞外絶煙塵이로다 僧이 云如何是人境兩俱奪이닛고 師云 幷汾絶信하고 獨處一方이로다 僧이 云如何是人境俱不奪이닛고 師云王登寶殿이요 野老謳歌로다.

---

1) 만참(晩參): 저녁때에 법문(法門)하는 것. 아침에 법문하는 것을 조참(早參)이라 하고, 비시(非時)의 법문을 소참(小參)이라고 함. 선가(禪家)에서는 방장스님이 대중을 모아놓고 설법문답하는 모임을 참(參)이라 한다.
2) 시중(示衆): 대중에게 수시(垂示)하는 것.
3) 시유승문(時有僧問): 승은 임제의 제자인 지의도자(紙衣道者)니 이름은 극부(剋符)이다.
4) 영해수발백여사(孾孩垂髮白如絲): 아이 머리가 하얗다는 것은 사실로는

없는 일이니 '사람'을 부정한 것이다. 주체를 부정한 객체는 객체가 주체와 대립이 되는 것이 아니라 객체가 절대적으로 되어 객체 안에 주체를 내포하여 객체만 나누는 것이다.

5) 왕령이행천하편 장군새외절연진(王令已行天下徧 將軍塞外絕煙塵): 이것은 주체가 절대적이어서 주체 내에 객체가 포용되어 밖으로는 객체가 부정되고 주체만 드러나게 된다.

6) 병분절신 독처일방(幷汾絕信 獨處一方): 인(人:中央政府) 경(境:幷汾)을 다 부정한 것. 이것은 주체가 되는 중앙 정부도 배반하여 부정하고 객체가 되는 병분(幷汾)도 떨어져 나갔으니 부정이 된 셈이다.

후에 대혜종고(1089~1163)가 시랑(侍郞) 장구성(張九成)에 대해서 임제의 인경구탈게(人境俱奪偈)에 대어(代語)하여 "타파채주성(打破蔡州成) 살각오운제(殺却吳云濟)"라 했다. 이 대혜(大慧)의 대어(代語)로 인해서 병분절신의 구(句)가 오운제(吳云濟, 783~817)가 당조(唐朝)에 배반하여 채주성에 의거(依據)했던 사건을 지칭한 것이라고 한 구주(舊注)는 착오이다. 채주(蔡州)와 병분(幷汾)은 서로 멀리 떨어져 있고 오운제가 병분을 점령한 사전(史傳)도 없다 한다. 이 법문을 고래로『임제사요간』이라고 한다. 요간(料簡)은 분류 또는 표준의 뜻이다.

7) 왕등보전 야로구가(王登寶殿 野老謳歌): 이것은 주체인 왕과 객체인 국민들이 모두 드러나게 된 것이다.

강설

임제스님의 사요간(四料簡)

임제스님이 저녁 법문 때 대중에게 말했다.
"어떤 때에는 주체를 빼앗아버리고 객체를 뺏지 않으며 어떤 때에는 객체를 빼앗아 버리고 주체를 뺏지 않으며 또 어떤 때에는 주체와 객체를 모두 빼앗아 버린다. 그리고 어떤 때에는 주체와 객체를 모두 빼앗지 않는다."

그때 한 승려가 물었다.
"어떤 것이 주체를 빼앗아 버리고 객체를 뺏지 않습니까?"
임제스님이 말했다.
"따뜻한 봄날에 만물이 발생하니 지상은 백화가 만발하여 비단을 깔은 것 같고, 어린 아이가 머리털을 내려뜨리니 하얀 실과 같구나."

승려가 물었다.
"어떤 것이 객체를 빼앗아버리고 주체를 뺏지 않은 것입니까?"
임제스님이 말했다.
"국왕의 명령이 천하에 두루 행하여 변방에 있는 장군은 전쟁을 안 한다."

승려가 물었다.

"어떤 것이 주체와 객체를 모두 빼앗은 것입니까?"

임제스님이 말했다.

"병주(并州)와 분주(汾州)는 중앙 정부에 배반하여 중앙 조정과는 떨어져 나가버리고 각각 일방(一方)에 독립했다."

승려가 물었다.

"어떤 것이 주체와 객체를 모두 빼앗지 않는 것입니까?"

스님이 말했다.

"국왕이 궁전에 오르시고 전야(田野)의 노부(老夫)는 격양가(擊壤歌)를 부른다."

착어(着語)

截斷衆流하고 東通西沒하며
逆順縱橫하야 與奪自在로다.

모든 흐름을 끊어 버리고 동에서 솟고 서에서 잠기며
거스르고 순함을 자유로이 하여 주고 뺏음을 자재하게 하도다.

眞正見解

師乃云 今時에 學佛法者는 且要求眞正見解이니 若得眞正見解인댄 生死不染이요 去住自由라 不要求殊勝하야도 殊勝이 自至니라 道流여 祇如自古先德은 皆有出人底路어니와 如山僧指示人處는 祇要你不受人惑하고 要用에 便用이니 更莫遲疑어다 如今學者不得은 病在甚處오 病在不自信處라 你若自信不及인댄 卽便忙忙地에 徇一切境轉하야 被他萬境回換하야 不得自由니 你若能 歇得念念馳求心하면 便與祖佛로 不別이리라 你欲得識祖佛麼아 祇你面前聽法底是니라. 學人이 信不及인댄 便向外馳求하나니 設求得者라도 皆是文字勝相이라 終不得他活祖意니라 莫錯이어다 諸禪德이여 此時에 不遇하면 萬劫千生에 輪回三界라가 徇好境掇去하야 驢牛肚裏生하리라 道流여 約山僧見處인댄 與釋迦로 不別이라 今日多般用處에 欠少什麼오 六道神光이 未曾間歇이라 若能如是見得하면 祇是一生無事人이로다 大德이여 三界無安하야 猶如火宅이라 此不是你久停住處니 無常殺鬼一刹那間에 不揀貴賤老少하나니라 你要與祖佛로 不別인댄 但莫外求어다 你一念心上淸淨光이 是你

屋裏法身佛이요 你一念心上無分別光이 是你屋裏報身佛이요 你
一念心上無差別光이 是你屋裏化身佛이라 此三種身은 是你卽今
目前聽法底人이니 祗爲不向外馳求일세 有此功用이니라 據經論家
인댄 取三種身하야 爲極則이어니와 約山僧見處인댄 不然하야 此三
種身은 是名言이며 亦是三種依라 古人 云身은 依義立이며 土는 據
體論이라하니 法性身法性土는 明知是光影이로다 大德이여 你且識
取弄光影底人은 是諸佛之本源이요 一切處가 是道流의 歸舍處라
是你四大色身은 不解說法聽法하며 脾胃肝膽도 不解說法聽法하
며 虛空도 不解說法聽法이니 是什麽 解說法聽法고 是你目前歷
歷底 勿一箇形段孤明이 是這箇解說法聽法하나니 若如是見得하
면 便與祖佛로 不別이라 但一切時中에 更莫間斷하야 觸目皆是니라
祗爲情生智隔하며 想變體殊이니 所以로 輪迴三界하야 受種種苦니
라 若約山僧見處인댄 無不甚深이며 無不解脫이니라.

　道流여 心法無形하야 通貫十方하야 在眼曰見이요 在耳曰聞이요
在鼻齅香이요 在口談論이요 在手執捉이요 在足運奔이라 本是一精
明이 分하야 爲六和合이라 一心旣無에 隨處解脫이로다 山僧與麽
說이 意在什麽處오 祗爲道流一切馳求心이 不能歇하야 上他古人
閑機境일새니라. 道流여 取山僧見處인댄 坐斷報化佛頭이니 十地
滿心은 猶如客作兒요 等妙二覺은 擔枷鎖漢이요, 羅漢辟支는 猶
如厠穢요 菩提涅槃은 如繫驢橛이로다 何以如此오 祗爲道流不達
三祗劫空일세 所以로 有此障礙이니 若是眞正道人이면 終不如是
니라 但能隨緣消舊業하야 任運著衣裳하며 要行에 卽行하며 要坐에

卽坐하야 無一念希求佛果이니라 緣何如此오 古人云 若欲作業하야 求佛인댄 佛是生死大兆라 하니라

大德이여 時光을 可惜하라 祗擬 傍家波波地 學禪學道하며 認名認句하며 求佛求祖 求善知識하야 意度하나니 莫錯이어다

道流여 你祗有一箇父母어니 更求何物고 你自返照看하라 古人云 演若達多失却頭나 求心이 歇處에 卽無事라 하니라 大德이여 且要平常하고 莫作模樣하라 有一般不識好惡禿奴하야 便卽見神見鬼하고 指東劃西하며 好晴好雨하나니 如是之流는 盡須抵債하야 向閻老前하야 吞熱鐵丸에 有日이니라 好人家男女는 被這一般野狐精魅所著하야 便卽捏怪라 瞎屢生아 索飯錢이 有日在니라

示衆云,

我有時에는 先照後用하며 有時에는 先用後照하고 有時에 照用同時하며 有時에는 照用不同時에는 先照後用은 有人在요 先用後照는 有法在요 照用同時는 駈耕夫之牛하며 奪飢人之食이니 敲骨取髓하고 痛下鍼錐요 照用不同時는 有問有答하며 入賓立主하야 合水和泥하야 應機妾物이니 若是過量人인댄 向未擧已前하야 撩起便行이라 猶較些子니라

---

1) 불조(祖佛): 조사인 불(佛)·불조(佛祖:불타와 조사)가 아님.
2) 다반용처(多般用處): 육도신광과 같다.
3) 육도신광(六道神光): 안이비설신의(眼耳鼻舌身意)의 육근의 작용.
4) 삼종신(三種身): 법신은 법성의 이체(理體)이니 대일여래(大日如來)가 곧 법신불이다. 보신(報身)은 인위(因位)의 원(願)과 행(行)의 공덕(功德)

으로 얻은 과위(果位)의 불(佛)이니 아미타불이 곧 보신불이다. 화신은 중생제도를 위하여 차세(此世)에 응현(應現)한 불(佛)이니 석가모니불이 화신불이다. 응신(應身)이라고도 함.

5) 고인운의의립토거체론(古人云依義立土據體論): 자은규기(慈恩窺基:632~682)의 『법원의림장(法苑義林章) 권7』에서 인용한 듯하나 어구(語句)가 부동(不同).

6) 물일개형단고명(勿一箇形段孤明): 형단(形段)은 물질적 또는 정신적인 모든 형체.

7) 정생지격상변체수(情生智隔想變體殊): 이통현(李通玄)의 『신화엄경론(新華嚴經論)』의 서문에 있는 말. '정(情)'과 '상(想)'은 분별망심(分別妄心)이고 '지(智)'와 '체(體)' 반야지혜(般若知慧)와 진여본체(眞如本體)를 말함.

8) 일정명(一精明): 본심(本心)을 말함.

9) 육화합(六和合): 육근과 육경이 화합하여 육식(六識)이 생(生)하는 것.

10) 상타고인한기경(上他古人閑機境): 상(上)은 반연(攀緣)한다는 뜻. 기(機)는 심기(心機)의 뜻이니 선사의 주관 작용, 경(境)은 외경(外境)의 뜻이니 객관적 형상으로 표현한 것. 고인(古人)의 언구행동(言句行動)을 말함.

11) 객작아(客作兒): 고용살이 하는 사람.

12) 부모(父母): 본심(本心), 차별없는 참사람[無位眞人].

13) 고인연약달다실각두운운(古人演若達多失却頭云云): 『능엄경』에 있는 이야기다. 부처님께서 부루나존자를 위해 설하셨다.
옛날 室羅城中에 演若達多란 사람이 아침마다 거울에 비친 자기 얼굴을 보고 즐거움을 삼았다. 그런데 어느 날 아침에 거울 뒤쪽을 잘못 보고 얼굴이 안 보이니까 놀래어 자기 머리가 없어진 것이라 잘못 알고 찾아다녔다 한다.

14) 호인가남녀(好人家男女): 호인가는 착한 집, 남녀는 아이의 뜻이나 여기서는 일반승려를 가리키는 말이다.

15) 할루생(瞎屢生): 할(瞎)은 눈멀었다는 말. 누(屢)는 어리석다는 말이니 사람을 욕하는 말이다.

강설

진정한 견해

임제스님이 대중에게 이르시기를
"이제 불법을 배우는 사람은 진정한 견해를 구하지 않으면 안 된다. 만일 진정한 견해를 얻게 되면 죽고 나는 데에 물들지 않고 가버린다거나 머물러 있는 데에 자유자재하다. 수승함을 구하고자 원하지 않아도 수승함이 자연히 오는 것이다.

도를 배우는 사람들이여, 옛날부터 선덕스님들은 다 사람을 구해내는 길이 있었다. 내가 사람을 가르치는 것은 다만 너희가 다른 사람의 미혹함을 받지 않고 행동하고 싶거든 행동하게 함이니 결코 주저하지 말라.

오늘날 배우고자 하는 사람의 병이 어디에 있느냐? 병은 스스로 믿지 않는 데에 있다. 네가 만일 스스로 믿음이 철저하지 못하면 바로 분망(奔忙)하게 일체경계를 좇아 이끌려 여러 가지 경계에 뺏겨서 자유를 얻지 못하게 된다.

네가 만일 생각에 밖으로 구하는 마음을 쉬면 바로 조사인 부처와 다르지 않다. 네가 조사인 부처를 알고자 하느냐? 그것은 다만 나의 면전에서 법문을 듣는 너 자신이다. 그런데 배우는 사람이 철저히 믿지 않고 바로 밖으로 향하여 달려서 구한다. 그리하여 설사 구해 얻었다 하여도 이것은 다 문자의 훌륭한 껍데기 모양은 된 것이나 마침내 저 산(生) 조사(祖師)의 뜻은 얻지 못한다.

그르치지 말라, 모든 선덕이여, 이때에 조사인 부처를 만나지 못하면 나고 죽기를 영원토록 하며, 삼계에 윤회하다가 자기가 좋아하는 경계에 이끌려가므로 당나귀나 소의 뱃속에 나게 된다.

도를 배우는 사람들이여, 산승이 보는 바대로 말하면 석가부처님과 다르지 아니하다. 오늘 여러 가지 작용하는 곳에 모자라는 것이 무엇이냐? 여섯 가지 신령스러운 빛이 잠깐도 쉴 일이 없다. 다만 이와 같이 볼 수가 있으면 참으로 일생 무사한 사람이다.

대덕이여, 삼계가 편안치 못함이 마치 불난 집과 같아서 네가 오래 머물러 살 곳이 못된다. 무상한 살귀(殺鬼)는 찰나 간에도 귀천노소를 가리지 않고 목숨을 빼앗아 간다.

너희들이 조사인 부처와 다르지 않고 싶거든 오직 밖에서 구하지 말라.

너의 한 생각 마음 위에 청정한 광명, 이것이 네 자신 속의 법신불이요, 너의 한 생각 마음 위에 분별없는 광명, 이것이 네 자신 속의 보신불이며 너의 한 생각 마음 위에 차별 없는 광명, 이것이 네 자신 속의 화신불이다.

이 세 가지 불신(佛身)은 지금 목전에서 법문을 듣는 사람인 네 자신이니, 이는 오직 밖을 향하여 달려 구하지 않기 때문에 이런 공용(功用)이 있는 것이다. 불교를 학문적으로 연구하는 경론가(經論家)에 의하면 세 가지 불신(佛身)을 가져 구경궁극(究竟窮極)이라고 한다.

그러나 산승이 보는 바로는 그렇지 않다. 이 세 가지 불신은 오직 이름과 말이고 또한 세 가지 의지(依支)인 것이다.

고인도 말하기를 '불신(佛身)은 현상(現象)에 의지해서 세운 것이고 불국토는 법성(法性)의 본체(本體)에 의지하여 의논(議論)한 것이다.'라고 했다.

법성(法性)의 불신(佛身)이나 법성의 불국토는 마음의 그림자인 것이 명백하다.

대덕이여, 그대는 이 마음 그림자를 희롱하는 사람이 모든 부처의 본원이고 일체 도를 배우는 사람들이 돌아갈 자기 집인 줄 알아야 한다.

그대의 육체는 법문을 설하고 법문을 들을 줄 모르고, 오장육부도 법문을 설하고 법문을 들을 줄 모르며, 허공도 법문을 설하고 법문을 들을 줄 모른다. 대체 이 무엇이 법문을 설하고 들을 줄 아는 것이냐?

이것은 바로 너다. 즉 목전에 역력한 것, 한낱 형상도 없이 절대 홀로 자체만으로 명백한 이것이 법문을 설할 줄 알고 법문을 들을 줄 안다.

만일, 이와 같이 볼 수 있으면 바로 조사인 부처와 다르지 않다. 다만 어떤 때에든지 다시는 간단(間斷)이 없어서 눈에 보이는 이것이다. 다만 망념이 생하면 참 지혜가 막히며 생각이 동하면 본체와 달라진다. 그러므로 삼계에 윤회하여 갖가지 고통을 받게 된다. 만일 나의 견해로 간요(簡要)하자면 심히 깊어서 해탈 아닌 것이 없다.

도를 배우는 사람들이여, 심법(心法)은 형상이 없어서 시방세계를 꿰뚫어 통하여 있다. 눈으로는 본다 말하고 귀로는 듣는다 말하며 코로는 향기 맡고 입으로는 담론(談論)하고 손으로는 잡고 발로는 돌아다닌다.

이것은 본래로 일정명(一精明)인데 나누어서 육화합이 된다. 다시 말하면 근본 한마음이 나누어져서 육근의 작용이 되는 것이다. 그 한마음이 없는 것이므로 곳곳마다 해탈이 된다. 내가 이렇게 설하는 것은 뜻이 어디에 있는 것인가?

그것은 바로 도를 배우는 사람들이 모든 내달아 구하는 마음을 쉬지 못하여 저 옛사람의 쓸데없는 기경(機境), 즉 말과 작용에 집착하기 때문이다.

도를 배우는 사람들이여, 내가 보는 바로는 보신불, 화신불의 머리를 앉아 끊나니 십지수행(十地修行)을 성취한 사람도 고용살이와 같고 등각(等覺)·묘각(妙覺)의 부처도 형틀을 짊어지고 자물쇠를 찬 놈이요, 나한과 벽지불은 마치 뒷간의 똥과 같고, 보리열반은 당나귀를 맨 말뚝과 같다.

어째서 이러한가? 다만 도를 닦는 사람들이 무한의 시간이 공한 줄 깨닫지 못하므로 이 장애가 있는 것이다. 만일 진정한 도인이라면 절대로 이와 같지 않다.

다만 연을 따라 과거에 지은 업을 없애서 마음대로 자유자재하게 의복을 입으며 가고 싶으면 바로 가고, 앉고 싶으면 바로 앉아서 한 생각도 불과(佛果)를 구하는 마음이 없다.

왜 그러한가? 고인(古人)이 이르되 "만일 업을 지어 가지고서 부처를 구하려고 하면 부처는 바로 생사윤회의 큰 조짐(兆朕)이다."라고 했다.

대덕이여, 시간을 아껴라. 다만 밖으로 부산하게 허둥대면서 선(禪)을 배우고, 도를 배우며, 명자(名字)에 집착하고, 언구(言句)에 집착하며, 부처를 구하고 조사를 구하며, 선지식을 구하여 사량복탁(思量卜度)하는구나.

잘못하면 안 된다. 도를 배우는 사람들아, 너희들에게는 다만 하나의 부모가 있다. 다시 무엇을 구하려고 하느냐? 네 자신이 반조해 보아라, 고인이 말하기를 "연약달다(演若達多)는 자기 머리를 잃어버렸다고 잘못 생각했었지만 구하는 마음이 쉬었을 적에 바로 무사하였다"고 했다.

대덕이여, 어쨌든 평상(平常)하게 하라. 아무 조작이 없는 참나(眞我)에서 행하고 껍데기 조작을 하지 마라.

세상에는 아무 조백(皁白)도 모르는 머리 깎은 바보 종이 있어서 있지도 않은 귀신이나 도깨비 같은 것을 문득 보고 동을 가르치고 서를 가르치며 맑은 날씨를 좋아하고 비오는 날씨를 좋아한다. 이러한 것들은 다 반드시 벌을 받아서 염라대왕 앞에서 뜨거운 철환(鐵丸)을 삼킬 날이 있을 것이다. 훌륭한 가문의 젊은 사람들이 이러한 여우떼한테 홀려서 괴상하게 된다. 눈 먼 바보 종아 먹은 밥값을 내라고 청구하는 날이 있을 것이다."

    스님께서 대중에게 말씀하셨다.
"나는 어느 때는 먼저 비추고(照) 나서 작용(用)하며, 어느 때는 먼저 작용하고 나서 비추며 비춤과 작용을 동시에 하기도 하며, 비춤과 작용을 모두 하지 않기도 한다. 먼저 비추고 나서 작용하는 것은 주관(人)의 경우이고 먼저 작용하고 나서 비추는 것은 대상(法)의 경우이다. 비춤과 작용을 동시에 하는 경우는 밭가는 농부의 소를 몰고 가버리고 배고픈 사람의 밥을 빼앗은 격으로서 뼈를 두드려 골수를 뽑아내고 침으로 아프게 찌르는 일이다. 비춤과 작용을 모두 하지 않는 경우는 물음도 있고 대답도 있으며 주객을 모두 인정하여 물과 진흙이 섞이듯 근기에 따라 중생을 지도하는 것이다. 테두리를 벗어난 대근기라면 떠보기도 전에 재빨리 일어나서 갈 것이니 이래야만 조금은 되었다 하겠다."

착어(着語)

有佛處에 不得住하고 無佛處에 急走過하야 三千里外에 逢人커든 莫錯擧하라. 野老不知堯舜德하고 鼕鼕打鼓祭江神이로다.

부처 있는 곳에 머물지 말고 부처 없는 곳에 급히 달려 지나서
삼천 리 밖에 사람을 만나거든 그릇 들어 말하지 마라.
들늙은이는 요순 임금님 덕을 알지 못하고
동동 북을 치며 강귀신에게 제사지내도다.

無事是貴人

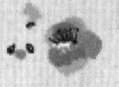

　　師示衆云 道流여 切要求取眞正見解하야 向天下橫行에 免被這一般精魅惑亂하나니 無事是貴人이라 但莫造作이어다 祇是平常하라 你擬向外하야 傍家에 求過하야 覓脚手하나니 錯了也로다 祇擬求佛이나 佛是名句니라 你還識馳求底麼아 三世十方佛祖出來에 也祇爲求法이요 如今參學道流도 也祇爲求法이니 得法始了어니와 未得하면 依前輪廻五道하나니라. 云何是法고 法者는 是心法이니 心法無形하야 通貫十方하야 目前現用이라 人이 信不及하야 便乃認名認句에 向文字中하야 求意度佛法하나니 天地懸殊로다

　　道流여 山僧說法은 說什麼法고 說心地法이니 便能入凡入聖 入淨入穢 入眞入俗에 要且不是你眞俗凡聖이 能與一切眞俗凡聖으로 安著名字라. 眞俗凡聖은 與此人으로 安著名字不得이로다

　　道流여 把得便用하야 更不著名字를 號之爲玄旨로다 山僧說法이 與天下人으로 別이라 祇如有箇文殊普賢이 出來目前하야 各現一身하야 問法에 纔道咨和尙하면 我早辨了也니라 老僧이 穩坐에 更有道流하야 來相見時에 我盡辨了也로다 何以如此오 祇爲我見處別하야 外不取凡聖하고 內不住根本하야 見徹更不疑謬이니라.

강설

일 없는 사람이 귀인이다

　임제스님은 대중에게 말씀하셨다.
　"도를 배우는 사람들아. 무엇보다 진정한 견해를 얻어 가져서 천하를 자유로 행하여 많은 도깨비 같은 선지식한테 속지 말아야 한다. 참나(眞我) 그대로 살아서 무사한 것이 귀한 사람이다. 결코 조작해서 꾸미지 마라. 다만 평상(平常) 그대로 하라. 너희가 밖으로 향하여 옆길로 구해 돌아다녀서 손발 붙일 곳을 찾으려 하나니 틀려버렸다. 다만 부처를 구하려하나 부처는 이름에 지나지 않는다. 네가 이 달려 구하는 놈을 아느냐?
　삼세시방의 부처와 조사가 세상에 나오신 것도 다만, 법을 구하기 위함이요, 지금 도를 배우는 사람들도 또한 다만 법을 구하기 위함이다. 법만 얻으면 다 된 것이다. 아직 얻지 못했다면 종전대로 지옥, 아귀, 축생, 인간, 천상의 오도(五道)를 윤회하게 된다.
　이 법은 무엇이냐, 법이란 것은 마음의 법이다. 마음의 법은 형상이 없어서 시방세계에 꿰뚫어 통하여서 목전에 나타나 작용한다.
　사람이 철저히 믿지 아니하여 바로 거기서 명칭과 언구(言句)에 집착하여 문자(文字) 중에서 불법을 사량복탁(思量卜度)하려고 구하지만 불법과는 하늘과 땅만큼의 거리가 멀다.

　도를 닦는 사람들아, 내 설법은 무슨 법을 설하는 것인가? 심지법(心地法)을 설하는 것이다. 이 심지법이 바로 능히 범부의 경지로 들어가고, 성인의 경지로 들어가며, 깨끗한데 들어가고, 더러운데 들어가며, 진(眞)으로 들어가고, 속(俗)으로 들어가는 것이다. 요컨대, 네가 만든 진과 속, 범부와 성인이 모든 진속(眞俗) 범성(凡聖)에 이름을 지어 붙일 수는 없다. 이 진속범성이 사람에 대해서 이름을 지어 붙일 수는 없는 것이다.

　도를 배우는 사람들이여, 마음을 잡아 얻으면 바로 작용해서 다시는 이름에 착(着)하지 않게 된다. 이 이름을 깊은 뜻(玄旨)이라고 한다.

　내 설법은 천하 사람들과 다르다. 가령 문수보살, 보현보살이 눈앞에 나와서 각기 한 몸을 나누어 법을 묻기를 '스님께 묻습니다'하고 겨우 말하자마자 나는 벌써 판단해 버린다.

　내가 편안히 앉았을 적에 도를 배우는 사람이 있어서 와서 서로 만나 볼 적에 나는 다 판단해 버린다. 어째서 그러한가? 그것은 다만 내 견해가 특별하여 밖으로 범부성인의 차별경계에 착(著)하지 않고 안으로 근본자리에도 머물지 아니하여 투철히 보아서 다시는 의심하고 그르치지 않기 때문이다."

착어(着語)

燈籠이 撫掌呵呵笑하고 露柱低頭却皺眉로다.

등롱이 손바닥을 어루만지며 깔깔 웃고
노주가 머리를 숙이고 도리어 눈썹을 찡그리도다.

隨處作主 立處皆眞

　師示衆云 道流여 佛法은 無用功處니 祇是平常無事라 屙屎送尿 著衣喫飯困來卽臥니 愚人笑我어니와 智乃知焉이니라. 古人云 向外作工夫는 總是癡頑漢이라 하니라 你且隨處作主하야 立處皆眞이면 境來回換不得이라 縱有從來習氣五無間業이라도 自爲解脫大海니라
　今時學者總不識法하야 猶如觸鼻羊이 逢著物에 安在口裏로다 奴郎不辨하고 賓主不分하는 如是之流는 邪心으로 入道하야 鬧處卽入이라 不得名爲眞出家人이요 正是眞俗家人이로다 夫出家者는 須辨得平常眞正見解하야 辨佛辨魔 辨眞辨僞 辦凡辨聖이니 若如是辨得하면 名眞出家라 若魔佛不辨하면 正是出一家入一家하야 喚作造業衆生이요 未得名爲眞出家人이니라 祇如今有一箇佛魔同體不分하야 如水乳合이언마는 鵝王은 喫乳니라 如明眼道流는 魔佛俱打로다 你若愛聖憎凡하면 生死海裏에 浮沈하나니라.

1) 고인운(古人云): 남악나찬(南嶽懶瓚)선사의 말. 남악나찬선사는 북종선 개산조 대통신수(大通神秀) 조사 문하 3세로 대조보적(大照普寂 651~739)의 법사(法嗣).
2) 오무간업(五無間業): 무간지옥에 떨어질 다섯 가지 대역죄이니 부(父)를 죽이고 모(母)를 죽이고 아라한을 죽이고 불신(佛身)을 해쳐서 피를 내고 교단화합을 파(破)한 것.
3) 촉비양(觸鼻羊): 양(羊)은 시력이 약하여 주로 코로 냄새를 맡아 사물을 분별하는데 코에 닿는 물건은 가리지 않고 다 먹어버리는 것과 같다는 뜻.

강설

어디서든 주인공이 되라

임제스님께서 대중에게 가르쳐 말씀하셨다.

"도를 배우는 사람들이여, 불법은 공(功)을 써서 힘써 조작할 것이 없다. 다만 평상(平常)대로 하면 아무 일이 없다. 대변을 보고 소변을 보며 옷을 입고 밥을 먹으며 피곤하면 누워서 쉰다.

어리석은 사람은 알지 못하고 비웃지만 지혜가 있는 사람은 잘 안다. 옛사람도 말하기를 '밖을 향하여 공부하는 것은 다 크게 어리석은 놈이다'라고 했다.

여러분, 어느 곳에서든지 주인공이 되면 그 서 있는 곳은 다 진실한 것이다.

어떠한 경계에 부딪쳐도 너희들은 이끌리지 않는다. 가령 종래(從來)로 지은 나쁜 습기와 무간지옥에 떨어질 다섯 가지 행위가 있더라도 자연히 해탈의 큰 바다로 화한다.

오늘에 도를 배우는 사람은 전연 법을 알지 못하는 것이 무엇이든지 코를 대는 양이 닥치는 대로 입 속에 넣어버리는 것과 같다. 종과 주인도 알지 못하고 객과 주인도 구별할 줄 모른다. 이러한 무리들은 삿된 마음으로 도를 배운다고 들어와서 일이 많은 번잡한 곳이면 이내 들어간다.

진실한 출가인이라고 말할 수 없다. 바로 이것은 정작 속인이다.

대저 출가한 사람은 평상(平常)의 진정한 견해를 잘 판단하여 부처와 마구니를 분별하며, 참과 거짓을 분별하며, 범부와 성인을 분별하지 않으면 안 된다.

만일, 이와 같이 잘 분별할 줄 알면 참된 출가라고 말할 수 있다. 만일 마구니와 부처를 분별하지 못하면 바로 한 집에서 나와서 또 한 집에 들어가는 것이다.

업을 지어서 중생의 무리 속에 들어가고 진실한 출가라고 말할 수 없다.

이제 한 개 마구니가 있어서 동체여서 나눌 수 없는 것이 물과 젖이 합한 것과 같다. 거위는 물을 안 먹고 젖만 먹듯 눈 밝은 도류(道流)는 마구니와 부처를 모두 쳐버린다.

네가 만일 성인을 따르고 범부를 미워하여 분별에 떨어지면 생사바다 속에 떴다 잠겼다 할 것이다."

착어(着語)

刀不自割하고 指不自觸이로다 行住座臥와 是非人我와 忽喜忽嗔이 不離這箇어니와 祇這箇라하면 驀面唾니라 平生肝膽을 一時傾하니 眞正見解를 都說破로다.

칼은 자신을 베지 못하고, 손가락은 자신에 대지 못하도다. 가고 머물고 앉고 눕는 것과 옳고 그르고 너니 나니 하는 것과 문득 기뻐하고 문득 성내는 것이 이것을 여의지 않거니와 다만 이것이라 하면 문득 얼굴에 침을 뱉을지니라. 평생 간담(肝膽)을 일시에 기울이니 진정한 견해를 다 설파하였도다.

佛與魔 是染淨二境

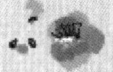

問 如何是佛魔이닛고 師云 你一念心疑處가 是箇魔요 你若達得萬法無生하고 心如幻化하면 更無一塵一法하고 處處淸淨이 是佛이라 然하야 佛與魔는 是染淨二境이니라 約山僧見處인댄 無佛無衆生無古無今이라 得者便得하야 不歷時節이요 無修無證無得無失하야 一切時中에 更無別法이니 設有一法이 過此者라도 我說如夢如化라 山僧所說은 皆是니라

道流여 卽今目前孤明歷歷地에 聽者此人이 處處不滯하고 通貫十方하야 三界自在하고 入一切境差別에 不能回換하고 一刹那間에 透入法界하야 逢佛에 說佛하며 逢祖에 說祖하며 逢羅漢에 說羅漢하며 逢餓鬼에 說餓鬼하야 向一切處하야 游履國土하야 敎化衆生하되 未曾離一念하고 隨處淸淨하야 光透十方하고 萬法一如니라

道流여 大丈夫兒는 今日에사 方知本來無事니라 祗爲你信不及에 念念馳求하야 捨頭覓頭에 自不能歇이로다 如圓頓菩薩이, 入法界現身하야 向淨土中에 厭凡忻聖하니 如此之流가 取舍未忘하야 染淨心在니라 如禪宗見解는 又具不然하야 直是現今이요 更無時

節이니라 山僧說處는 比是 一期의 藥病相治라 總無實法이니 若如是見得하면 是眞出家라 日消萬兩黃金이니라 道流여 莫取次被諸方老師印破面門하고 道我解禪解道라하야 辯似懸河어다 皆是造地獄業이니라 若是眞正學道人이면 不求世間過하고 切急要求眞正見解니라 若達眞正見解하야 圓明하면 方始了畢이니라.

---

1) 일소만량(日消萬兩): 족히 공양을 받을 만하다는 뜻. 소(消)는 소용(消用), 소수(消受)의 뜻.
2) 삭가라(爍迦羅): 금강(金剛) 또는 견고(堅固)의 뜻. 삭가라안(爍迦羅眼)은 금강안(金剛眼)으로 밝게 사정(邪正)을 결정하여 득실을 분별하는 눈.

무엇이 부처이고 무엇이 마구니인가

묻기를
"어떤 것이 부처이며 마구니입니까?"
임제스님이 말씀하셨다.
"너희 한 생각과 마음이 의심하는 것이 마구니다.
네가 만일 모든 만법(萬法)이 생함이 없고, 마음은 환화(幻化)와 같아서 본래 없는 줄 깨달으면 다시는 한 티끌 한 법도 없고 어느 곳이든지 다 청정한 것이다. 이것이 참 부처이다.
그러므로 부처와 마구니는 물들고 깨끗한 두 가지 경계이다. 나의 견해를 가져 말하면 부처도 없고 중생도 없다.
옛도 없고 이제도 없다. 얻는 자는 바로 얻어서 오랫동안 수행하였다는 세월이 필요 없다. 수행할 것도 없고 증득할 것도 없으며 얻을 것도 없고 잃을 것도 없다. 언제든지 아주 특별한 법이 없다. 설사 이보다 수승한 법이 있다 하더라도 나는 말한다. '그것은 꿈과 같고 환화(幻化)와 같은 것'이라고. 내가 설한 것은 다 이것이다.

도를 배우는 사람들이여, 바로 지금 눈앞에 홀로, 밝아서 분명히 법문을 듣는 자, 이 사람이야말로 어느 곳에든지 걸리지 않고 시방세계를 꿰뚫어서 삼계에 자유자재하게 행동한다.

일체경계의 차별 속에 들어가도 거기에 이끌리지 않는다. 일찰나(一刹那) 사이에 법계에 뚫어 들어가서 부처를 만나면 부처에게 설하고, 조사를 만나면 조사에게 설하고, 나한을 만나면 나한에게 설하고, 아귀를 만나면 아귀에게 설한다.

일제처에 향하여 여러 국토를 돌아다니면서 중생을 교화하지만 현재 한 생각을 여의는 일이 없다. 어느 곳이든지 다 청정하여 광명이 시방세계를 꿰뚫고 만법이 일여(一如)하다.

도를 배우는 사람들이여, 대장부는 오늘이야말로 본래무사(本來無事)한 줄을 안다. 다만 네가 철저히 믿지 못하기 때문에 생각이 밖으로 구하여 본래 있는 머리를 버리고 밖으로 머리를 찾아서 스스로 쉬어버릴 수가 없다. 저 대중의 으뜸이 되는 원돈보살(圓頓菩薩)도 법계에 들어가 몸을 나누어서 정토 속에서 범부를 싫어하고 성인을 좋아한다. 이와 같은 무리는 취하고 버리는 마음을 잊어버리지 못하여 물들고 깨끗하다는 분별심이 있는 것이다.

우리 선종견해로 보면 아주 그렇지 않다. 바로 현재 즉금(卽今) 일뿐이요 아주 시간이 있지 않다. 내가 설하는 것은 다 그때그때 병을 고치기 위한 약을 쓰는 것이지 모두 진실한 법(法)이 없다. 만일 이와 같이 보면 이것이 참다운 출가라 하겠고 날로 만냥(萬兩)의 황금을 쓸 수가 있다.

도를 배우는 사람은 쉽사리 제방(諸方) 조실스님한테 얼굴 위에다가 인가의 도장 찍음을 받아 가지고 '나는 선(禪)을 알았다, 도를 알았다' 말하여 급히 흐르는 강물과 같이 지껄이지 마라. 이런 것은 다 지옥에 떨어지는 업을 짓는 것이다.
　만일 진실하고 정당한 도인(道人)이면 세간의 틀린 것을 구하지 않고 간절하고, 급히 진정한 견해를 구하려고 노력한다. 만일 진정한 견해를 통달하여 원만명백(圓滿明白)하게 되면 비로소 일대사(一大事)를 깨달아 마친 것이 된다."

착어(着語)

莫向伽羅掌內觀하라 來機深辨更何言고
金鷄啄破瑠璃殼이오 玉兎挨開碧海門이로다.

결코 손바닥 안을 향하여 보지 마라.
오는 기틀을 깊이 판단함에 다시 어찌 말할고.
금닭은 유리 껍질을 쪼아 파하고
옥토끼는 푸른 바다 문을 밀쳐 열도다.

眞正見解

問 如何是眞正見解이닛고. 師云 你但一切入凡入聖入染入淨
入諸佛國土 入彌勒樓閣 入毘盧遮那法界하야 處處에 皆現國士하
야 成住壞空하며 佛出于世하야 轉大法輪이라가 却入涅槃에 不見有
去來相貌하고 求其生死호되 了不可得이라. 便入無生法界하야 處
處에 遊履國士하며 入華藏世界하야 盡見諸法空相이오 皆無實法이
니라 唯有聽法無依道人하니 是諸佛之母라 所以로 佛從無依生이
니 若悟無依하면 佛도 亦無得이니라 若如是見得하면 是眞正見解라
學人不了코 爲執名句하야 被他凡聖名礙일세 所以로 障其道眼하
야 不得分明하나니라 祇如十二分敎는 皆是表顯之說이언마는 學者
不會하고 便向表顯名句上하야 生解하니 皆是依倚라 落在因果하고
未免三界生死로다 你若欲得生死去住脫著自由인댄 卽今에 識取
聽法底人이 無形無相無根無本無住處하야 活鱍鱍地하라 應是萬
種施設은 用處가 祇是無處로다 所以로 覓著하면 轉遠하고 求之하면
轉乖라 號之爲秘密이로다
　道流여 你莫認著箇夢幻伴子어다 遲晚中間에 便歸無常이어늘

你向此世界中하야 覓箇什麼物하야 作解脫고 覓取一口飯喫코 補毳過時로다 且要訪尋知識하고 莫因循逐樂이어다 光陰可惜이니 念念無常이라 麤則被地水火風하고 細則被生住異滅하야 四相所逼이로다 道流여 今時에 且要識取四種無相境하야 免被境擺撲이어다.

---

1) 일체입범입성(一切入凡入聖): 일체(一切)는 일체처(一切處), 일체시(一切時).
2) 미륵누각(彌勒樓閣): 미륵은 석가멸후(釋迦滅後) 56억 7천만 년에 출현하는 미래불. 『화엄경』 입법품계에는 선재동자가 선지식을 역방(歷訪)하는데 52번째에 미륵을 심방(尋訪)하고 그 누각에 입(入)함. 『화엄경 권77, 78』.
3) 비로자나법계(毘盧遮那法界): 『화엄경』의 본존(本尊)인 법신불 비로자나여래의 국토(國土) (『화엄경 권77, 78』)
4) 성주괴공(成住壞空): 세계의 생멸변화(生滅變化)를 성립(成立), 주지(住止), 파괴(破壞), 공무(空無)의 사상(四相)으로 본 것. 물건은 생주이멸(生住異滅) 사람은 생로병사라 말함.
5) 화엄세계(華嚴世界): 화엄세계의 약(略). 비로자나불을 교주로 하는 화엄의 세계.
6) 의의(依倚): 여기에서는 문법상으로 보아서 동사가 아니라 명사이니 의지한 것.
7) 활발발지(活撥撥地): 활발발지(活鱍鱍地)라고도 씀. 고기가 팔팔 뛰는 모양.
8) 응시만종시설(應是萬種施設): 응시(應是)는 당대(唐代)의 속어. 소유(所有), 단유(但有)와 같음.
9) 몽환반자(夢幻伴子): 몽환과 같이 허망한 육체.
10) 파박(擺撲): 당대(唐代)의 속어로 혹란(惑亂)한다는 뜻.

강설

진정견해

묻되

"어떤 것이 진정한 견해입니까?"

임제스님이 말씀하셨다.

"너희는 언제 어디서나 범부경지(凡夫境地)에도 들어가고 성인경지(聖人境地)에도 들어가며 더러운 데도 들어가고 깨끗한 데도 들어가며 모든 부처의 국토에도 들어가고 미륵의 누각에도 들어가며 비로자나법계(毘盧遮那法界)에도 들어가서 도처에 다 국토를 나투어서 성주괴공한다.

부처는 이 세상에 나오셔서 위대한 법문을 하시고 열반에 드신다. 그러나 오시고 가시는 형상 모양을 보지 못한다. 나고 죽는 것을 구해 보아도 아주 얻어 볼 수가 없다. 그래서 남이 없는 [無生] 공한 법계에 들어가서 도처에 국토를 돌아다니며 화장세계에 들어가서 모든 법은 공한 상(相)이고 다 실다운 법은 없다고 철저히 본다.

다만 내 앞에서 법문을 듣는 의지함이 없는 무의도인(無依道人),

이것이 모든 부처의 어머니이다. 그러므로 부처는 의지함이 없음으로부터 나온다. 만일 의지함이 있다 해도 부처 또한 얻을 것이 없다.

만일, 이와 같이 볼 수 있으면 이것이 진정한 견해이다. 도를 배우는 사람이 깨닫지 못하고 이름과 글귀에 집착하게 되면 범부니, 성인이니 하는 이름에 걸림이 되기 때문에 그 도안(道眼)을 가려서 진정한 견해가 분명하지 못하게 된다. 십이분교(十二分敎), 즉 보통 말하는 팔만대장경은 모두 다 차별 없는 참사람을 표현하는 설명에 불과한 것이다. 도를 배우는 사람은 알지 못하고 표현하는 이름과 글귀 위에 지해(知解) 분별을 한다. 그러나 이것은 껍데기에 붙어 의지한 것에 지나지 않는다. 이것은 인과에 떨어져서 삼계의 생사윤회를 면치 못하는 것과 같다.

네가 만일 생사와 가고 머무름, 벗고 입음을 자유자재하게 되기를 원하거든 이 법문을 듣는 사람이 형상도 없고, 근본도 없고, 머무르는 곳도 없어서 활발발하고 자유자재하게 활동하는 것을 지금 당장에 알아차려라.

여러 가지 모든 시설은 작용하되 그 자취가 없는 것이다. 찾으려고 하면 더욱 더욱 벌어지고, 구하려고 하면 더욱 더욱 틀려버린다. 이를 비밀이라고 말한다.

도를 배우는 사람들이여, 너희가 꿈 같이 허망하게 붙어 있는 것, 즉 육체를 잘못 알고 집착하지 마라. 이것은 조만간에 즉시 무상하게 되어버린다. 너희는 이러한 세계 가운데에 무엇을 찾아 가지고 해탈이라고 하겠느냐?

 한 입의 밥을 찾아 먹고, 누더기를 기워 입고, 세월만 지내는 것이 아니냐? 어쨌든 선지식을 찾아 만나야 한다. 우물쭈물 허망한 즐거움에 팔려서는 안 된다.

 시간을 아껴라, 생각 생각이 죽음의 길이다. 우리는 큰 것(大), 다시 말하여 물질적 또는 육체적으로는 지수화풍 사상(四相)의 핍박을 받고, 세밀한 것(小), 다시 말하여 마음의 작용(作用)으로는 생주이멸 사상(四相)의 핍박을 받는다.

 도(道)를 배우는 사람들이여, 현재 이때에 네 가지 상(相)이 없는 경계를 알아서 경계에 흔들려 어지러움을 받지 않도록 하여야 할 것이다."

착어(着語)

是非海裡橫身入이요 豹虎群中自在行이라.
莫把是非來辨我하라.
平生穿鑿不相關이니라.

시비 바다 속에 몸을 비껴 들어가고
늑대 호랑이 가운데에 자재하게 행함이라.
시비를 가지고 나를 판단하지 마라.
평생에 천착해도 상관하지 않느니라.

四種無相境

問 如何是四種無相境이닛고 師云 你一念心疑가 被地來礙요 你一念心愛가 被水來溺이요 你一念心瞋이 被火來燒요 你一念心喜가 被風來飄니라 若能如是辨得하면 不被境轉하야 處處用境에 東涌西沒하며 南涌北沒하며 中涌邊沒하며 邊用中沒하야 履水如地하고 履地如水니라 緣何如此오 爲達四大 如夢如幻故니라 道流여 你祇今聽法者는 不是你四大요 能用你四大라 若能如是見得하면 便乃去住自由하나니라 約山僧見處인댄 勿嫌底法이로다 你若愛聖하면 聖者는 聖之名이니라 有一般學人이 向五臺山裏하야 求文殊이나 早錯了也니라 五臺山에 無文殊하니 你欲識文殊麼아 祇你目前用處가 始終不異하고 處處不疑此箇是活文殊요 你一念心無差別光이 處處總是眞普賢이요 你一念心自能解縛하야 隨處解脫이 此是觀音三昧法이니 互爲主伴하야 出則一時出이라 一卽三이오 三卽一이니 如是解得하면 始好看敎니라

1) 호위주반(互爲主伴): 관음(觀音)이 주(主)가 되어서 대비(大悲)를 행(行)할 때는 문수의 지(智)와 보현의 행(行)이 반(伴)이 되어 동시에 출현함. 문수나 보현이 주(主)가 될 때도 같다.

강설

모양 없는 네 경계

묻기를,
"어떤 것이 네 가지 상(相)이 없는 경계입니까?"하니,
임제스님이 말씀하셨다.
"너희들이 의심하는 한 생각이 딴딴한 땅이 되어 방애(妨礙)한다. 너희들이 사랑하는 한 생각이 축축한 물이 되어서 빠지게 한다. 너희들이 성내는 한 생각이 뜨거운 불이 되어서 태운다. 너희들이 기뻐하는 한 생각이 움직이는 바람이 되어서 날리운다. 만일 이와 같이 네 가지 상(相)이 한 생각 지은 것이어서 실체가 없어서 공한 줄 깨달으면 경계에 이끌리지 않고 도처에서 자유자재하게 경계를 사용할 수 있다. 동에서 나와 서쪽으로 들어가고 남에서 나와 북쪽으로 들어가며 가운데서 나와서 가(邊)에 들어가고 가에서 나와 가운데에 들어간다.

물 위에 다니기를 땅 위를 다니는 것 같이 하고 땅 위를 다니기를 물 위에 다니듯 한다. 이와 같이 자유자재하게 행동한다. 어째서 그러하냐? 그것은 지수화풍 사대가 꿈과 같고 환(幻)과 같아

서 공(空)한 줄 깨달았기 때문이다.

　도를 배우는 사람들이여, 그대들이 지금 법문을 듣는 것은 그대들의 사대(四大)가 아니라 법문을 듣는 주인공이 사대를 사용할 수 있는 것이다. 만일 이와 같이 볼 수 있으면 바로 자유자재하게 가고 머무른다.

　내가 보는 입장으로 하면 싫어할 법이 없다. 만일 성인을 좋아한다고 하면 성인이란 것은 성인의 이름에 지나지 않는다. 어떤 도를 배우는 사람이 오대산(五台山) 속에 문수보살을 친견하려 한다면 이는 벌써 틀려버린 것이다. 오대산에는 문수보살이 없다.

　너희들은 문수보살을 알고 싶어 하느냐? 다만 너의 목전(目前)에서 작용하는 것이 시간적으로 시종(始終) 다르지 않고 공간적으로 도처에 의심할 것이 없다. 이와 같이 작용(作用)하는 자가 바로 산 문수보살이다.

　너의 한 생각 차별 없이 작용(作用)하는 광명이 처처에 모두 참 보현이다. 너의 한 생각이 자기 스스로 결박을 풀어서 도처 해탈한 것이 이것이 관음삼매법(觀音三昧法)이다.

　문수, 보현, 관음 셋이 서로 주인으로도 되고 짝이 되는 벗도 되어서 출현하는 때는 일시에 출현한다. 하나가 곧 셋이요 셋이 곧 하나다. 이와 같이 깨달으면 비로소 부처님 경전과 조사어록을 볼 수 있다고 하겠다."

착어(着語)

大洋海底紅塵起요 須彌頂上水橫流로다.

큰 바다 밑에서 붉은 먼지가 일고
수미산 꼭대기에 물이 비껴 흐르도다.

自信하고 莫向外覓이어다

師示衆云 如今學道人은 且要自信하고 莫向外覓이어다 總上他閑塵境하야 都不辨邪正하나니 祇如有祖有佛은 皆是敎迹中事니라 有人이 拈起一句子語하야 或隱顯中出하면 便卽疑生하야 照天照地하고 傍家尋問하야 也太忙然이로다 大丈夫兒여 莫祇麽論主論賊하고 論是論非하며 論色論財하야 論說閑話로 過日이어다 山僧은 此間에 不論僧俗하고 但有來者면 盡識得伊하나니 任伊向甚處出來라도 但有聲名文句는 皆是夢幻이라 却見乘境底人인대 是諸佛之玄旨라 佛境이 不能自稱我是佛境이라하나니 還是這箇無依道人이 乘境出來로다 若有人이 出來하야 問我求佛이면 我卽應淨境出하며 有人이 問我菩薩이면 我卽應慈悲境出하며 有人이 問我菩提면 我卽應淨妙境出하며 有人이 問我涅槃이면 我卽應寂靜境出하나니라 境卽萬般差別이나 人卽不別이라 所以로 應物現形이 如水中月이라하나니라 道流여 你若欲得如法인댄 直須是大丈夫兒라사 始得이니라 若萎萎隨隨地면 則不得也이니라 夫如觜嗟(上音西下所嫁切)之器에 不堪貯醍醐로다 如大器者는 直要不受人惑하고 隨處作主하면

立處皆眞이니라

但有來者를 皆不得受어다 你一念疑에 卽魔入心하며 如菩薩疑時에 生死魔得便하나니라 但能息念하야 更莫外求하고 物來卽照하라 你但信現今用底하라

一箇事也無로다 你一念心生三界하야 隨緣被境하야 分爲六塵이니라 你如今應用處欠少什麼아 一刹那間에 便入淨入穢入彌勒樓閣 入三眼國土하야 處處游履에 唯見空名이로다.

---

1) 총상타한진경((總上他閑塵境): 上은 반연한다는 뜻. 한진경(閑塵境)은 부질없이 더럽히는 경계. 한명구(閑名句) 한기경(閑機境)과 같다.
2) 지마(秪麼): 오로지.
3) 구유(俱有): 소유(所有) 총(總), 대개, 일체(一切)의 뜻.
4) 승경저인(乘境底人): 경계(境界)를 타는, 즉 주체성으로 경계를 사용하는 사람.
5) 위위수수지(萎萎隨邃也): 초목이 시들어서 바람에 흔들흔들 하는 모양, 인혹(人惑)을 받아서 주체성이 없어함.

강설

바깥에서 구하지 말라

임제스님께서 대중에게 가르쳐 말씀하셨다.
 "오늘 도(道)를 배우는 사람은 무엇보다도 스스로 믿는 것이 중요하다. 밖으로 찾아 구하여서는 안 된다.
 그런데 너희들은 모두 저 쓸데없는 더러운 경계에 집착하여 아주 삿(邪)된 것과 바른 것을 구별하지 못한다. 예컨대, '조사(祖師)가 있다. 부처가 있다' 하는 것은 다 불교의 학문 중에서 개념적, 추상적으로 하는 일이지 구체적인 현재의 사실은 아니다.
 어떤 사람이 한 글귀 말을 가지고 숨고 나타난 가운데서 나오면 바로 곧 의심을 내어 이리 생각하고 저리 생각하여 옆으로 찾아 물어서 어찌 할 줄 모르고 심히 번잡스럽기만 하다. 대장부여, 온전히 주인과 도적을 말하며 옳다 그르다 말하며 색(色)과 재물을 말하여 쓸데없는 말로써 허송세월을 하지 마라.
 나는 여기에서는 승속(僧俗)을 문제 삼지 않는다. 나에게 오는 자는 다 그들을 알아버린다. 가령 그들이 어떠한 경지에서 온다 하더라도 그들이 사용하는 음성과 명자(名字)와 문구는 다 꿈과

환(幻)과 같이 공한 것이다.

　그러나 경계를 사용하는 사람을 보면 이것은 모든 부처의 깊은 뜻이다. 부처의 경지는 자기(自己)가 '내가 부처의 경지다'라고 말할 수 없다.

　바로 이 의지함이 없는 도인이 경계를 사용하여 나오는 것이다. 어떤 사람이 나와서 나에게 부처를 구한다고 말하면 나는 바로 청정한 경지로 나투어서 나온다. 어떤 사람이 나에게 보살을 물으면 나는 바로 자비의 경지(境地)로 나투어서 나온다.

　어떤 사람이 나에게 보리를 물으면 나는 바로 정묘(淨妙)한 경지로 나투어서 나온다.

　어떤 사람이 나에게 열반을 물으면 나는 바로 적정(寂靜)한 경지로 나투어서 나온다. 경계는 여러 가지 차별이 있지만 사람은 다르지 않다. 그러므로 '물건에 응하여 형상을 나누는 것이 물속에 비치는 달과 같다' 한 것이다.

　도를 배우는 사람들이여, 그대들이 만일 여법하게 되고 싶거든 바로 대장부가 되지 않으면 안 된다. 만일 시들시들하고 흔들흔들하여 얼빠진 것 같이 되면 안 된다. 저 깨져서 털털하는 그릇에는 제호(醍醐)를 담을 수 없다.

　큰 그릇인 인물은 절대로 사람의 혹(惑)함을 받지 않는다. 어느 곳이든지 주인공을 지으면 선 곳이 다 진실한 것이다. 모든 오는 자한테 끄달려서는 안 된다. 네가 한 생각 의심하면 바로 마(魔)가 막음에 들어가게 된다. 저 보살도 의심할 때는 생사의 마가

틈을 타게 된다.

　다만 한 생각을 쉴 줄 알아야 한다. 절대로 밖으로 구하지 마라. 물건이 오면 바로 자성혜(自性慧)로 비추어라. 너희는 다만 현재에 작용(作用)하는 놈만 믿으라. 거기에는 한 가지 일도 없다.

　너희들의 한 생각 마음이 삼계를 내어 연(緣)을 따라 경계를 반연하여 나누어 육진경계(六塵境界)인 색성향미촉법(色聲香味觸法)이 된다. 너희들이 지금 응하여 작용하는 곳에 무엇이 모자란단 말인가?

　한 찰나(一刹那) 사이에 바로 정토(淨土)에 들어가고 예토(穢土)에 들어가며 미륵 누각에 들어가고 삼안국토(三眼國土)에 들어가서 도처에 돌아다니지만 아무것도 없어서 다만 텅 빈 이름뿐이라고 보는 것이다."

착어(着語)

無依眞人이여 胡來漢現이로다.
一點靈光이 萬化千變이로다.

의지함이 없는 도인이여, 오랑캐로 오고 한인으로 나타나도다,
한점 신령스러운 광명이 만 번 화하고 천 번 변하도다.

三眼國土

問 如何是三眼國土이닛고 師云 我共你入淨妙國土中하야 著清淨衣하고 說法身佛하며 又入無差別國土中하야 著無差別衣하고 說報身佛하며 又入解脫國土中하야 著光明衣하고 說化身佛하니 此三眼國土는 皆是依變이니라 約經論家인댄 取法身하야 爲根本하고 報化二身은 爲用이니라 山僧見處로는 法身은 即不解說法이라 所以로 古人云 身은 依義立이요 土는 據體論이라하니 法性身 法性土는 明知是建立之法이오 依通國土니라 空拳黃葉으로 用誆小兒라 蒺藜菱刺의 枯骨上에 覓什麽汁고 心外에 無法하며 內亦不可得커니 求什麽物고 你諸方言道호되 有修有證이라하니 莫錯하라 設有修得者라도 皆是生死業이니라 你言六度萬行齊修라하나 我見에는 皆是造業이며 求佛求法이 即時造地獄業이며 求菩薩도 亦是造業이며 看經看教도 亦是造業이어니와 佛與祖師는 是無事人이니라 所以로 有漏有爲와 無漏無爲가 爲清淨業이로다 有一般瞎禿子飽喫飯了하고 便坐禪觀行에 把捉念漏하야 不令放起하야 厭喧求靜하니 是外道法이니라 祖師云 你若住心看靜하며 擧心外照하며 攝心內澄하며

示衆 145

凝心入定하는 如是之流는 皆是造作이라하나니라 是你如今與麼聽法
底人을 作麼生擬修他證他莊嚴他오 渠且不是修底物이요 不是莊
嚴得底物이니라 若敎他莊嚴하면 一切物을 卽莊嚴得이니 你且莫錯
이어다

道流여 你取這一般老師口裏語하야 爲是眞道요

是善知識은 不思議요 我是凡夫心이라 不敢測度他老宿하나니
瞎屢生이여 你一生을 祇作這箇見解하야 辜負這一雙眼하고 冷噤
噤地가 如凍凌上驢駒相以로다 我不敢毁善知識하야 怕生口業이
라하나니라

道流여 夫大善知識이 始敢毁佛毁祖하며 是非天下하며 排斥三
藏敎하며 罵辱諸小兒하야 向逆順中覓人이니라 所以로 我於十二年
中에 求一箇業性이나 如芥子許라도 不可得이니라 若似新婦子禪師
면 便卽怕趁出院하야 不與飯喫하야 不安不樂하나니라 自古로 先輩
는 到處人不信하야 被趁出하고서 始知是貴로다 若到處人이 盡肯인
댄 堪作什麼오 所以로 師子一吼에 野干이 腦裂이로다

道流여 諸方說호되 有道可修라하며 有法可證이라하나 你說하라
證何法하며 修何道오 你今用處欠少什麼物하며 修補何處고 後生
小阿師는 不會하고 便卽信這般野狐精魅하야 許他說事하야 繫縛
他人하야 言道理行相應하며 護惜三業하야 始得成佛하나니 如此說
者는 如春細雨로다 古人云 路逢達道人하면 第一莫向道하라하나니라
所以로 言하되 若人修道하면 道不行하야 萬般邪境이 競頭生이니라
智劍出來에 無一物하고 明頭未顯에 暗頭明이로다 所以로 古人云

平常心是道라하니라 大德이여 覓什麼物고 現今日前聽法無依道
人이 歷歷地分明하야 未曾欠少로다.
　你若欲得與祖佛不別인댄 但如是見하고 不用疑誤어다 你心心
不異를 名之活祖니 心若有異면 則性相別이어니와 心不異故로 卽
性與相이 不別이니라.

———

1) 의통국토(依通國土): 토거체론(土據體論)에 응(應)하는 말. 니통(你通)은 자
   체로는 자립할 수 없는 상대적 이해라는 뜻. 국토는 공명(空名)일 뿐이다.
2) 일반할독자(一般瞎禿子): 한 무리의 눈먼 승려.
3) 조사운(祖師云): 주심간정(住心看靜) 이하(以下) 글귀는 하택신회(荷澤神會)
   684~758)가 북종선을 배격(排擊)하기 위해 주장한 것으로 유명한 말이다.
4) 고인운(古人云): 사공산(司空山) 본정선사(本淨禪師(667~761)의 말로,
   『조당집(祖堂集) 권3』에 있음. 소이언(所以言)이하 고인(古人)의 게(偈)를
   인용했으나 출처불명.
5) 심심불이(心心不異): 심성(心性)인 심(心)과 식심(識心)인 심이 불이(不異).
6) 명두미현 암두명(明頭未顯 暗頭明):이 옛사람의 말을 아키츠키 료민(秋
   月龍珉) 교수는 "만일 사람이 도(道)를 수행하면 도는 행해지지 않고 도
   리어 모든 사경(邪境)이 앞을 다투어 나온다. 반야의 지검(智劍)이 나오
   면 아주 한 물건도 없어져서 그 여러 가지 차별의 사경(邪境)이 아직 나
   타나기 전에 평등한 깬 세계가 명백하게 된다"고 말했는데 옛 사람의 견
   지(見地)와는 틀리다고 나는 생각한다.
   여기에 착어(着語)해 보겠다.
   "지지일이점등(只知日裡點燈)하고 차불지반야발흑(且不知半夜發黑)이로다."
   "다만 낮에 등불 켤 줄만 알고, 또한 밤중에 먹물 뿌릴 줄은 알지 못한다."

강설

삼안국토(三眼國土)

묻되
"어떤 것이 삼안국토(三眼國土)입니까?"
임제스님은 말했다.
"나는 너희들과 같이 정묘국토중(淨妙國土中)에 들어가서 청정의(淸淨衣)를 입고 법신불을 설한다. 또 무차별(無差別) 국토 중에 들어가서 무차별의(無差別衣)를 입고 보신불을 설한다. 또 해탈국토(解脫國土) 중에 들어가서 광명의(光明衣)를 입고 화신불을 설한다. 삼안국토(三眼國土)는 다 내가 행동하는 데에 따라서 만들어진 경계의 변화에 지나지 않는다.

경론을 연구하는 교학자(敎學者)의 입장으로는 법신을 가지고서 근본을 삼고 보신, 화신(化身)을 용(用)으로 삼는다. 그러나 나의 견지로는 이 법신은 도법(道法)을 설 할 줄을 모른다.

그러므로 옛사람이 말하기를 '불신(佛身)은 현상에 의해서 세운 것이고 불국토는 법성(法性)의 본체에 의해서 논한 것'이라 했다.

그러므로 법성의 불신(佛身)과 법성의 불국토는 건립한 법이고 의지해서 생각한 국토라는 것을 분명히 알 수 있다. 빈 주먹에 무엇이 들어 있는 것 같이 속이고, 누런 잎사귀를 황금이라고 어린애를 속이는 것과 같다. 질려 풀이나 마른가시의 마른 뼈 같은 것에서 무슨 국물을 찾는단 말인가. 마음 밖에 아무것도 없고, 안에도 아무것도 얻을 게 없다. 그런데 무엇을 구한다는 말이냐?

너희들은 제방(諸方)에서 '수행이 있고 증득함이 있다'고 말한다. 잘못해서는 안 된다. 설사 수행해서 얻는 것이 있다 해도 이것은 다 생사윤회의 업이다. 또 너희들은 '육도만행(六度萬行)을 빠짐없이 다 닦는다.'고 말한다. 내 견해로는 모두 업을 짓는 것이다.

부처를 구하고 법을 구하는 것도 바로 지옥의 업을 짓는 것이요, 보살을 구하는 것도 또한 업을 짓는 것이며 경(經)을 읽고 교(敎)를 보는 것 또한 업을 짓는 것이다.

부처와 조사는 일이 없는 사람이다. 그러므로 불조(佛祖)에 있어서는 번뇌와 조작하는 것도 또한 이와 반대로 번뇌 없는 것과 조작이 없는 것이다. 무심무작(無心無作)의 청정한 업이 되는 것이다.

눈먼 승려들이 있어서 배부르게 밥 먹고, 좌선을 하고, 관법(觀法)을 행하여 생각 일어나는 것을 꽉 잡고서 일어나지 않게 하여 시끄러운 것을 싫어하고 조용한 것을 찾는다. 그렇지만 이것은 외도법(外道法)이다.

조사(祖師)가 말하기를

'너희들이 만일 마음을 일어나지 않게 하여 고요한 것을 보며 마음을 일으켜서 밖으로 관찰하며 마음을 거두어 잡아서 안으로 밝히며, 마음을 모아 뭉쳐서 선정(禪定)에 들면 이렇게 하는 것은 다 조작이다'라고 했다.

이 그대 자신이 지금 이렇게 법(法)을 듣는 사람을 어떻게 저를 닦고 증득(證得)하며 장엄(莊嚴)하려 하느냐?

저는 닦을 수 있는 물건이 아니요, 장엄(莊嚴)할 수 있는 물건이 아니다.

만일 저로 하여금 장엄(莊嚴)하게 하면 일체 물건을 장엄(莊嚴)할 수 있을 것이다. 이러하니 너희들은 잘못하지 말도록 하여라.

도를 배우는 사람들이여, 너희들은 이 일반(一般)의 노사(老師)말을 갖고서 이것이 참도(眞道)라 하고, 이 선지식을 불가사의라 하고 '우리는 범부 마음이니 어찌 감히 저 훌륭한 큰스님을 측량복탁(測量卜度)하겠는가'라고 한다.

눈먼 어리석은 사람아. 너희들은 일생을 다만 이러한 견해를 갖고서 이 두 눈을 못 쓰게 하고, 추워서 입을 다물고, 벌벌 떨면서 얼음장 위로 가는 당나귀 망아지와 같다. '나는 감히 선지식을 비방하지 못한다. 구업을 짓는 것이 무섭다'고 한다.

도를 배우는 사람들이여, 참으로 큰 선지식이라야 감히 부처를 비방하고 조사(祖師)를 비방하며 천하 선지식을 비판하며 경, 율, 론 삼장교(三藏敎)를 배척하며, 어린애 같은 무리들을 꾸짖고 욕한다. 그래서 역순중(逆順中)에서 사람을 찾는다. 그러므로 나는 십이 년 동안에 한 개의 업성(業性)을 찾아도 겨자씨만큼도 얻을 수가 없다.

만일 신부가 시어머니를 무서워하는 것 같은 선사이면 절에서 쫓겨나서 밥도 얻어먹을 수 없어서 안락하지 못함을 무서워 한다. 옛날부터 선배들은 도처에서 사람이 믿지 아니하여 절에서 쫓겨나고서 비로소 훌륭한 사람인 줄 알게 된다.

만일 도처에서 사람들이 다 좋아한다면 무슨 쓸 데가 있는 선사(禪師)라 하겠는가?

그러므로 '사자가 한번 울면 여우들의 머리 뇌가 찢어져 버린다'고 했다.

도를 배우는 사람들이여, 제방(諸方)에서 말하기를 '닦을 도가 있고 증득할 법이 있다'고 한다. 너희들은 무슨 법을 증득하며 무슨 도를 닦는다고 말하느냐?

네가 지금 활동하는 곳에 무엇이 모자라며, 어느 곳을 고쳐 기운다고 하느냐? 후배의 젊은 스님들은 이것을 알지 못하고 바로 들여우의 도깨비 같은 것을 믿어서 저희들이 일을 설하여 타인을 결박하여 말하기를, '교리(敎理)와 실행(實行)이 일치하며 몸과 업과 뜻의 삼업(三業)을 잘 수호여야만 비로소 성불할 수 있다.'라고 한다. 이와 같이 말하는 이가 봄 가랑비와 같이 많다.

옛 사람이 말하기를, '길에서 도를 통달한 사람을 만나면 제일로 도를 말하지 마라'고 했다. 그러므로 말하기를 '만일 사람이 도를 닦으면 도는 행하여지지 않고 도리어 만 가지 삿된 경계가 서로 다투어 일어나게 된다. 반야지혜(般若智慧)의 칼이 나온즉 한 물건도 없다. 밝은 머리가 나타나지 아니하여 깜깜한 머리가 바로 밝다'고 했다.

그러므로 옛 사람은 '아무 조작 없이 평상(平常)한 때의 마음이 도이다'라고 말했다. 대덕이여, 무엇을 찾으려고 하느냐? 현금에 내 눈앞에서 법문을 듣는 의지함이 없는 도인이 역력하게 분명해서 조금도 모자라지 않다. 네가 만일 조불(祖佛)과 다르지 않기를 원한다면 다만 이와 같이 보고 의심하여 잘못 알지 마라.

너희들의 마음과 마음이 다르지 않음을 산(活) 조사(祖師)라고 이름 한다. 마음이 만일 다름이 있으면 마음의 본성과 현상이 다르게 된다.

그러나 마음이 다르지 않으므로 마음의 본성과 현상이 다르지 않다."

착어(着語)

寧可永却沉淪이언정 不求諸聖解脫이니라.

차라리 가히 영겁토록 지옥에 빠질지언정
모든 성인의 해탈을 구하지 않느니라.

心心不異 諸法空相

問 如何是心心不異處닛이고 師云 你擬問에 早異了也니 性相各分이로다 道流여 莫錯이어다 世出世諸法이 皆無自性이요 亦無生性이라 但有空名이니 名字亦空이로다 你祗麼認他閑名爲實이니 大錯了也이니라 設有라도 皆是依變之境이라 有箇菩提依 涅槃依 解脫依 三身依 境智依 菩薩依 佛依하니 你向依變國土中하야 覓什麼物고 乃至三乘十二分教는 皆是拭不淨故紙요 佛은 是幻化身이요 祖는 是老比丘라 你還是娘生已否아 你若求佛하면 即被佛魔攝이요 你若求祖하면 即被祖魔縛이요 你若有求면 皆苦이니 不如無事이니라

有一般禿比丘가 向學人道호대 佛是究竟이라 於三大阿僧祇劫에 修行果滿하야 方始成道라하나니 道流여 你若道호대 佛是究竟이라하면 緣什麼하야 八十年後에 向拘尸羅城雙林樹間하야 側臥而死去하는고 佛今何在오 明知與我生死로 不別이로다

你言三十二相八十種好是佛이라하면 轉輪聖王도 應是如來언만은 明知是幻化로다

古人이 云 如來擧身相은 爲順世間情이라 恐人生斷見일까하야 權且立虛名하야

假言三十二이요 八十도 也空聲이라 有身은 非覺體요 無相이 乃眞形이로다 하니라 你道佛有六通하야 是不可思議라하나 一切諸天神仙阿修羅大力鬼도 亦有神通하니 應是佛否아 道流여 莫錯이어다 祇如阿修羅與天帝釋으로 戰이어늘 戰敗領八萬四千眷屬하고 入藕絲孔中藏하니 莫是聖否아 如山僧所擧는 皆是業通依通이니라 夫如佛六通者는 不然하야 入色界에 不被色惑하며 入聲界에 不被聲惑하며 入香界에 不被香惑하며 入味界에 不被味惑하며 入觸界에 不被觸惑하며 入法界에 不被法惑이라 所以로 達六種色聲香味觸法이 皆是空相하면 不能繫縛此無依道人하나니 雖是五蘊漏質이나 便是地行神通이니라 道流여 眞佛無形이요 眞法無相이로다 你祇麽幻化上頭에 作模作樣하야 設求得者라도 皆是野狐精魅니 并不是眞佛이요 是外道見解라 夫如眞學道人은 并並不取佛하며 不取菩薩羅漢하며 不取三界殊勝하고 迥然獨脫하야 不與物拘하나니 乾坤倒覆이라도 我更不疑니라 十方諸佛이 現前이라도 無一念心喜하며 三塗地獄頓現이라도 無一念心怖니 緣何如此오 我見諸法이 空相이나 變卽有요 不變卽無일세이니라

三界唯心이요 萬法唯識이라 所以로 夢幻空花를 何勞把捉이리오 하니라 唯有道流目前 現今聽法底人하야 入火不燒하며 入水不溺하며 入三途地獄이라도 如游園觀하며 入餓鬼畜生이라도 而不受報니라 緣何如此오 無嫌底法일세이니라

你若愛聖憎凡하면 生死海裏에 沈浮하나니라 煩惱는 由心故有이
니 無心이면 煩惱何拘리오 不勞分別取相하고 自然得道須臾라하니
라 你擬傍家波波地學得하면 於三祇劫中에 終歸生死이니 不如無
事하야 向叢林中하야 牀角頭에 交脚坐니라.

---

1) 자성·생성(自性·生性): 자성은 자기 외의 본성, 생성은 현상으로 생(生)하는 본성. 다 공명(空名)이며 실체는 없다.
2) 경지(境智): 소관(所觀)의 경, 능관(能觀)의 지(智).
3) 환시랑생이부(還是娘生已否): '어머니가 낳으신 것 아니냐?'란 뜻. 부처나 조사도 어머니가 낳은 몸이니, 그대 역시 아무런 모자람이 없다는 뜻. '還…已否'는 반문(反問)의 어기(語氣)를 표함.
4) 구시라성(抱尸羅城): 불타입멸지.
5) 쌍림수(雙林樹): 불타(佛陀)는 쌍(雙)으로 선 사라수하(沙羅樹下)에서 입멸하셨다 함. 쌍수림(雙樹林) 학림(鶴林)이라고도 함.
6) 32상 80종호: 훌륭한 인간의 특징을 말함이니 고대 인도에는 이 상을 가진 자는 세간(世間)에 있으면 천하를 통치하는 전륜성왕. 출가하면 무상각자(無上覺者)가 된다고 믿었다.
7) 단견(斷見): 세계와 자아가 상주불멸(常住不滅)한다는 상견(常見)에 대해서 세계와 자아가 마침내는 소멸해서 허무하게 된다는 견해. 세존은 단(斷)과 상(常)의 이견(二見)을 여읜 중도(中道)의 정견(正見)을 교시했다.
8) 각체(覺體): 무위진인(無位眞人).
9) 육통(六通): 신족통(神足通)은 마음먹는 곳에 자유로 나투는 능력. 천안통(天眼通)은 내세(來世)에 있는 상태를 잘 아는 능력. 천이통(天耳通)은 세간의 모든 소리를 다 들을 수 있는 능력. 타심통(他心通)은 타인의 마

음을 아는 능력. 숙명통(宿命通)은 과거세의 생존 상태를 아는 능력. 누진통(漏盡通)은 번뇌를 끊어 버리고 다시 미계(迷界)에 나지 않음을 깨닫는 능력. 이상의 육신통 중 전오통(前五通)은 제천(諸天), 신선(神仙), 외도(外道)도 있으나, 누진통은 부처만 가짐.
10) 업통의통(業通依通): 업력(業力)으로 얻은 신통과 물력(物力)으로 얻은 주술 등으로 얻은 신통.
11) 오온누질(五蘊漏質): 색수상행식(色受想行識)의 오온가화합(五蘊假和合)의 신체. 누질(漏質)은 번뇌의 형질.
12) 지행신통(地行神通): 지상을 보행하는 평상생활로 현현(顯現)하는 신통.
13) 작모작양(作模作樣): 분별조작하여 어긋난 수행.
14) 삼도지옥(三塗地獄): 화도(火途), 혈도(血途), 도도(刀途)의 삼지옥.
15) 이락애성증범(你若愛聖憎凡……自然得道須) 보지공화상(寶誌公和尙)의 『대승찬(大乘讚)』의 구(句).
16) 상각두(牀角頭): 좌선상 위(坐禪牀上)의 뜻.

강설

마음 마음이 다르지 않는 경계

묻되
"어떤 것이 마음과 마음이 다르지 않은 곳입니까?"
스님이 이르시기를
"네가 물으려고 할 때에 벌써 달라져 버렸다. 본성과 현상이 서로 각각 나누어져 버렸다. 도를 배우는 여러분, 잘못하여서는 안 된다. 세간의 모든 법이나 출세간(出世間)의 모든 법이 모두 본성인 자성도 아니고 또 현상을 내는 본성도 없다, 다만 빈 이름뿐이고, 그 이름도 또한 공한 것이다. 너희들은 오로지 저 허망한 이름은 인정하여 진실한 것을 삼는다. 이는 크게 잘못된 것이다.

설사 있더라도 모두 나를 의지하여 변해 만들어진 경계에 지나지 않는다. 한낱 보리의 의지, 열반의 의지, 해탈의 의지, 삼신(三身)의 의지, 경지의 의지, 보살의 의지, 부처의 의지가 있다.

너희들은 차별없는 참사람이 작용하여 만들어낸 국토 가운데에 무슨 물건을 찾느냐? 그 근본은 없는 것이다.

삼승십이분교(三乘十二分敎), 즉 팔만대장경도 다 똥 닦는 화장지

다. 부처는 영화의 그림 같은 것이다. 조사는 늙은 중이다. 너희들은 어머니가 낳은 진짜 산 것이 아니냐?

네가 만일 부처를 구하면 부처 마구니한테 잡히게 된다. 네가 만일 조사를 구하면 바로 조사 마구니한테 결박을 당하게 된다. 네가 구하는 것이 있으면 다 괴롭게 된다. 일 없는 것만 같지 못하다. 조작 없이 활동하는데 참 자유가 있다.

납자들은 도를 배우는 사람에게 말하기를 '부처는 사람에 있어서 가장 극치가 되는 것이다. 삼대아승지(三大阿僧祇)라는 한량없는 세월을 수행하여 원만히 성취한 뒤에 비로소 도(道)를 이룬 것이다'라고 한다.

도를 배우는 사람들이여, 네가 만일 말하기를 '부처는 사람에 있어서 가장 극치가 되는 것이다' 하면 어째서 부처는 팔십 년을 사시다가 구시라성(拘尸羅城)의 사라쌍수 사이에서 옆으로 누우셔서 돌아가셨는가? 부처가 지금 어디에 있느냐? 그러므로 부처도 우리의 생사와 다를 게 없는 것을 똑똑히 알 수 있다.

그대들은 말하기를

'삼십이상(三十二相) 팔십종호(八十種好)가 부처이다'라고 한다. 그러면 전륜성왕도 삼십이상 팔십종호를 갖추고 있으니 부처라고 하여야 할 것이다. 그러니 이런 것은 참된 것이 아니다. 환(幻)과 같은 것임이 분명하다.

그러므로 옛사람이 말하기를, '여래 전신(全身)의 현상은 세간의 인정을 쫓아서 말한 것이다. 형상을 나투어 말하지 않으면 사람들이 아무것도 없다는 단견(斷見)을 낼까 걱정이 되어 방편으로 없는 이름을 내세운 것이다. 그러므로 "삼십이상도 거짓말이고, 팔십종호도 헛소리다. 형상이 있는 몸은 진정코 깨달은 부처 몸이 아니요, 형상 없는 것이 참으로 부처의 형상(形相)이다'라고 했다.

그대들은 말하기를 '부처는 여섯 가지 신통(神通)이 있으니 이것은 불가사의한 것이다'라고 한다.

그러나 모든 제천(諸天), 신선, 아수라, 대력귀(大力鬼)도 다 신통이 있으니 이것들도 부처라고 하여야 될 것이다.

도 닦는 여러분, 잘못해서는 안 된다. 저 아수라가 제석천왕과 싸우다가 싸움에 져서 팔만사천권속(八萬四千眷屬)을 거느리고 연(蓮) 뿌리 실속으로 들어가서 숨었다 하니 이것이 성인이라 하겠구나.

신통이 있다고 하여 아수라를 성인이라고 하겠는가? 이와 같이 들어서 이야기한 것은, 모두 업으로 얻은 신통, 또는 어떤 힘을 의지하여 얻은 신통들이다. 대관절 부처의 여섯 가지 신통은 그러한 것이 아니다. 색(色)을 보고도 색의 미혹을 받지 않고, 소리를 듣고도 소리의 미혹을 받지 않으며, 향기를 받고도 향기의 미혹을 받지 않는다. 맛을 보고도 맛의 미혹을 받지 않고, 감촉을 받고도 감촉의 미혹을 받지 않으며, 여러 가지 법(法)을 알아도 법(法)의 미혹을 받지 않는다.

그러므로 여섯 가지 색성향미촉법이 다 공한 상(相)이어서 실체가 없는 줄 통달하면 이 의지함이 없는 도인(道人)을 잡아매어 묶을 수 없는 것이다. 이 사람은 오온(五蘊)의 육체와 마음을 가졌으나 바로 이것이 땅 위를 보행하는 신통을 가진 사람이다.

도류(道流)여, 참부처는 형상이 없고, 참법도 형상이 없다. 네가 오로지 환화(幻化) 위에 여러 가지 조작을 하여 망령된 견지로 본다. 설사 구하여 얻었다 하여도 모두 들여우의 도깨비 같은 혼의 장난이요. 결코 참부처가 아니며, 이것은 외도의 견해이다. 대저 참으로 도를 배우는 사람은 결코 부처도 취하지 않으며 보살과 나한도 취하지 않으며, 삼계의 수승한 것도 취하지 않는다. 멀리 홀로 초월하여 물건에 걸리지 않나니 천지가 전복되는 일이 있어도 나는 다시 의심하지 않는다.

시방의 제불(諸佛)이 앞에 나타날지라도 한 생각 마음이 기쁠 게 없으며, 불과 칼과 피의 삼도지옥(三塗地獄)이 갑자기 나타날지라도 한 생각 마음이 두려울 게 없다. 왜 이러한가? 모든 법(法)이 공(空)하여 실체가 없으며 변하면 있고 변하지 않으면 없나니,

'삼계가 오직 마음이요, 만법은 오직 식(識)임'을 내가 보기 때문이다.

그러므로 '꿈같고 환(幻)같고, 허공꽃 같은 것을 어찌 애써 잡으려느냐?'고 한 것이다.

나의 목전에서 현금(現今) 법을 듣는 사람인 바로 도를 배우는 여러분은 불에 들어가도 타지 않으며, 물에 들어가도 빠지지 않으며, 삼도지옥(三塗地獄)에 들어가도 공원에서 노니는 것 같이 하며, 아귀도(餓鬼道)와 축생도(畜生道)에 들어가도 보(報)를 받지 않느니라. 왜 그러냐 하면 혐의(嫌疑)하는 법이 없기 때문이다.

그대들이 만일 성인을 좋아하고 범부를 미워하면 생사 바다 속에 빠졌다 떴다 하게 된다. 번뇌는 마음으로 인(因)하여 있는 것이니 마음이 없으면 번뇌가 어찌 구애되겠는가?
  애써 분별하고 상(相)에 집착하지 않으면 자연히 도를 얻게 된다.
  그대들은 밖으로 분주하게 배우려고 하여 삼아승지겁(三阿僧祇劫)이라는 한량없는 세월을 애써도 결국은 생사를 면할 수가 없다.
  그러므로 아무 조작 없고 일없이 해서 선방(禪房) 가운데 자리에 발을 포개고 앉는 것만 같지 못하다.”

착어 (着語)

情閑하니 巖樹看愈好하고 室靜하니 磵泉聞轉幽라.

마음속이 한가하니 바위의 나무를 보매 더욱 좋고
방이 고요하니 석간 샘물 소리를 들음에 더욱 그윽하다.

心心不異 臨濟四賓主(其一)

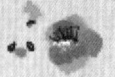

道流여 如諸方有學人來에 主客相見了하고 便有一句子語하야 辨前頭善知識하나니 被學人이 拈出箇機權語路하야 向善知識口角頭하야 攛過하고 看你識不識이라 你若識得是境하고 把得하야 便抛向坑子裏하면 學人이 便卽尋常한 然後에 便索善知識語이어든 依前奪之어늘 學人이 云 上智哉인저 是大善知識이로다 卽云你大不識好惡로다 如善知識이 把出箇境塊子하야 向學人面前弄이어든 前人辨得하고 下下作主하야 不受境惑이라 善知識이 便卽現半身에 學人이 便喝한대 善知識이 又入一切差別語路中하야 擺撲이어늘 學人이 云 不識好惡로다 老禿奴여 善知識이 歎曰眞正道流로다 如諸方善知識이 不辨邪正하고 學人來問菩提涅槃三身境智하면 瞎老師便與他解說이라가 被他學人罵著하면 便把棒打他하고 言無禮度라하나 自是你善知識이 無眼이니 不得瞋他어다 有一般不識好惡禿奴하야 卽指東劃西하며 好晴好雨하며 好燈籠露柱하나니 你看하라 眉毛有幾莖고 這箇는 具機緣이로다 學人이 不會하고 便卽心狂이로다 如是之流總是野狐精魅魍魎이니 被他好學人이 嗑嗑微笑

하야 言瞎老禿奴惑亂他天下人이니라.

---

1) 여제방유학인래운운(如諸方有學人來云云): 선지식과 학인(學人)의 문답 상량(問答商量)을 사(四)의 경우로 나누어 설(說)하는 대문. 「임제의 사빈주(四賓主)」라고 함. 176쪽 에서도 설함.
2) 기권어로(機權語路): 상대방을 알아보려고 건드려 보는 방편의 말.
3) 이약식득시경(你若識得是境): 경(境)은 보통은 주체(主體)에 대해서 객체를 말하나 여기에서는 학인(學人)의 속심이 있어서 계획적으로 나온 것.
4) 변즉심상(便卽尋常): 지금까지의 고자세(高姿勢)를 고쳐서 보통 태도를 취함.
5) 하하작주(下下作主): 하하(下下)는 하나하나의 뜻이니, 하나하나마다 주인을 지어.
6) 미모유기경(眉毛有幾莖): 법문을 잘못하면 벌을 받아서 눈썹이 빠짐.

강설

마음 마음이 다르지 않는 임제의 경계

"도 닦는 여러분, 만일 제방(諸方)에서 도를 배우는 사람이 와서 서로 만나 인사를 마치고 학인이 한 글귀의 말을 하여 자기 앞에 있는 선지식을 알아보려고 한 바, 학인이 건드려 보는 말을 가지고서 선지식의 입 끝에다가 들여대고, '잘 보십시오. 스님께서 아십니까?'하고 선지식에게 이와 같이 말하면 선지식이 이것이 경계인 줄 알고 이것을 바로 구렁창 속에 던져버린다.

학인이 태도를 바꾸어 보통으로 돌아간 마음에 선지식의 가르침을 구한다. 선지식은 여전히 빼앗아 버린다.

그러면 학인은 말하기를

'훌륭하십니다. 위대하신 선지식이십니다.'

선지식은 바로 말하기를

'너는 도무지 조백도 모르는구나.'

만일 선지식이 경계 한 덩이를 잡아가지고 학인의 면전(面前)에서 희롱해 본다. 그러면 학인이 알아차리고 일일이 주인공이 되어서 경계의 혹(惑)을 받지 않는다.

선지식은 그때에 바로 본성을 나투어 본다.

학인이 바로 할을 한다.

그러면 선지식이 일체 차별의 말을 갖고 두들겨 건드려 본다.

학인이 말하기를

'아무 조백도 모르도다. 이 노장(老長)이여.'

선지식이 감탄하여 말하기를

'참으로 올바른 도인이로구나'라고 한다.

만일 제방(諸方)에 있는 선지식이 삿된 것과 바른 것을 알지 못하고 학인이 와서 보리 열반 삼신(三身) 경지에 대하여 물으면 눈먼 노사(老師)는 저 도를 배우는 사람에게 해설을 해준다.

학인은 눈먼 노사(老師)를 꾸짖는다. 노사는 바로 몽둥이를 잡아서 학인을 후려치고 '무례한 말을 하는 놈'이라 한다.

그러나 그대 선지식은 눈이 멀었다. 학인에게 성낼 수는 없는 것이다.

또 일반(一般) 조백을 모르는 승려가 있어서 바로 동을 가리키고 서를 가리키며 날씨가 맑은 것을 좋아하고 비오는 것도 좋아하며 등롱(燈籠)과 노주(露柱)를 좋아하여 횡설수설 마구 지껄여댄다.

그대는 잘 보아라. 눈썹이 몇 개 나 있느냐? 이것은 까닭이 있는 것이다. 학인이 알지 못하고 바로 마음이 미쳐버린다. 이러한 무리들은 모두들 들여우의 혼(魂), 도깨비 같은 것들이다.

훌륭한 학인은 킬킬거리고 웃으며

'눈먼 늙은 스님이 천하 사람을 미혹하여 어지럽게 한다'고 말할 것이다."

착어(着語)

一狀領過라.

한 문서(文書)에 허물을 기록(記錄)함이라.

心心不異 逢著便殺

　道流여 出家兒는 且要學道이니 祇如山僧이 往日에 曾向毘尼中하야 留心하고 亦曾於經論에 尋討라가 後에 方知是濟世藥表顯之說하야 遂乃一時抛却하고 卽訪道參禪하니라 後에 遇大善知識코사 方乃道眼分明이라 始識得天下老和尙하고
　知其邪正하니 不是娘生下便會요 還是體究練磨하야 一朝自省하니라 道流여 你欲得如法見解인댄 但莫受人惑하고 向裏向外에 逢著便殺하라 逢佛殺佛하며 逢祖殺祖하며 逢羅漢殺羅漢하며 逢父母殺父母하며 逢親眷殺親眷하야사 始得解脫하야 不與物拘코 透脫自在하나니라 如諸方學道流가 未有不依物하고 出來底라 山僧이 向此間하야 從頭打하나니 手上出來면 手上打하며 口裏出來하면 口裏打하며 眼裏出來하면 眼裏打하나니 未有箇獨脫出來底라 皆是上他古人閑機境이로다 山僧은 無一法與人이요 祇是治病解縛이니 你諸方道流여 試不依物出來어다 我要共你商量이나 十年五歲에 並無一人이라 皆是依草附葉竹木精靈野狐精魅이니 向一切糞塊上하야 亂咬로다 瞎漢은 枉消他十方信施하며 道我是出家兒라하야 作

如是見解로다 向你道하노니 無佛無法無修無證커니 祇與麼傍家에
擬求什麼物고 瞎漢이여 頭上安頭라 是你欠少什麼오 道流여 是
你目前에 用底가 與祖佛不別이언마는 祇你不信코 便向外求하나
니 莫錯이어다 向外無法이요 內亦不可得이로다 你取山僧口裏語나
不如休歇無事去니라 已起者는 莫續하고 未起者는 不要放起하라
便勝你十年行脚이니라.

1) 비니(毘尼): 비나야(毘奈耶)의 약(略), 석존이 정한 승단(僧團)의 생활규
칙, 율(律)이라고 역(譯)함.
2) 종두타(從頭打): 타는 친다는 뜻만 아니라 탈(奪), 살(殺), 부정(否定)하는
뜻도 있음.
3) 수상출래수상타운운(手上出來手上打云云): 구체적으로는 수상(手上)은
양수(兩手)를 벌리는 것, 손가락을 세우는 것, 박수하는 것이 있다. 구리
(口裏)는 언구허허돌등(言句噓噓咄等)의 성(聲)과 교치(咬齒-이갈기), 고
치(叩齒-아래 윗니를 마주치기)하는 것, 안리(眼裏)는 눈을 뜨고 또는 감
으며 당목(瞠目-놀라거나 괴이쩍게 여기어 눈을 휘둥그렇게 뜨고 물끄
러미 쳐다봄), 순목(瞬目-눈을 깜박임)하는 것 등.
4) 의초부엽운운(依草附葉云云): 고인(古人)의 언구(言句) 행동을 기낙치
(其落處)는 알지 못하고 껍데기에만 집착하여 모방하는 자를 말함.
5) 향일체분괴상란요(向一切糞塊上亂咬): 고인(古人)의 언구(言句) 작략(作
略)에 마구 집착함을 꾸짖는 말.
6) 주소타시방신시(柱消他十方信施): 주(柱)는 한갓 부질없이의 뜻. 소(消)
는 향수(享受)라는 뜻.
7) 방기(放起): 방(放)은 하는 그대로 맡겨 둔다는 뜻.

강설

부처를 만나면 부처를 죽이고
조사를 만나면 조사를 죽여라

"도류(道流)여, 출가한 사람은 무엇보다도 도를 수행하는 것이 중요하다. 나는 옛날에는 계율에 대해서 마음을 두고 연구했으며 또한 경(經)과 논(論)도 연구하여 파고들어 찾아보았다.

그러나 뒤에 이것은 세상을 구제하는 약이요 표현하는 말에 지나지 않음을 알고 일시에 내던져 버리고 바로 도를 묻고 참선을 했다.

그 뒤에 대선지식을 만나서 비로소 도안(道眼)이 분명해져서 처음으로 천하 선지식들의 입장을 알아버리고 그 삿된 것과 바른 것을 잘 분간하게 되었다.

이것은 어머니가 나면서부터 바로 안 것이 아니고 스스로 체구연마(體究練磨)한 결과, 일조(一朝)에 스스로 깨달은 것이다.

도 닦는 여러분, 그대들의 여법한 견해를 얻고 싶으면 다만 다른 사람의 미혹함을 받지 말라. 안으로나 밖으로나 만나는 것은 바로 죽여라. 부처를 만나면 부처를 죽이고 조사를 만나면 조사를 죽이며 나한을 만나면 나한을 죽이고, 부모를 만나면 부모를 죽이며 친척과 권속(眷屬)을 만나면 친척권속을 죽여야만 비로소 해탈하여 어떤 물건에도 구애받지 않고 꿰뚫어 해탈하여 자유자재하게 된다.

제방(諸方)에 도를 배우는 사람들이 물건에 의지하지 않고 내 앞에 나온 자가 없다. 내가 여기에 있어서 처음부터 의지한 물건을 쳐부순다. 손으로 작용(作用)해 나오면 손으로 작용하여 쳐부수고 업을 통하여 작용해 나오면 업으로 작용하여 쳐부수며 눈으로 작용하여 나오면 눈 작용으로 쳐부순다.

어떤 물건에도 의지하지 않고 투탈자재(透脫自在)하게 나온 사람은 한 사람도 없다. 모두 저 옛사람의 쓸데없는 언구(言句)와 행동에 의지하여 작용하는 사람뿐이다. 나에게는 한 법도 사람에게 줄 것이 없다. 다만 도를 배우는 사람의 병을 고쳐주고 묶여 있는 것을 풀어줄 뿐이다.

그대들 제방(諸方)에 도를 배우는 사람들이여, 물건에 의지하지 말고 나와 보아라. 나는 그대들과 법에 대하여 문답하고 싶다. 그러나 오 년 십 년 동안에 한 사람도 없구나. 모두 풀과 잎사귀, 대와 나무에 의지한 도깨비 또는 들여우가 둔갑한 것들이다.

이것들은 일체 똥덩이 같은 옛사람의 언구(言句)를 씹는구나.

눈먼 사람은 시방 신도들의 시주물건을 쓸데없이 받고서 나는 출가한 사람이라고 말하여 이러한 견해를 가진다.

너희들에게 분명히 말한다.

'부처도 없고 법(法)도 없고 닦을 것도 없고 증(證)할 것도 없다.' 그런데 무엇을 밖으로만 구하려고 하느냐? 눈먼 사람아. 머리 위에 또 머리를 얹으려고 하는구나. 그대 무엇이 모자라는 것이 있느냐?

도닦는 여러분, 내 눈앞에서 작용하는 그대 자신이 조사와 부처와 다를 게 하나도 없다. 왜 믿지 않고 바로 밖으로만 구하느냐?

잘못해서는 안 된다. 밖에도 법이 없고 안에도 얻을 게 하나도 없다. 이렇게 말하면 그대들은 나의 입으로 한 말에 집착한다. 그러나 모든 생각을 쉬어서 조작 없고 일 없이 하는 것이 제일이다.

이미 일어난 생각은 계속하지 마라. 생각이 일어나지 않았거든 제멋대로 일어나게 해서는 안 된다. 이와 같이 한다면 십년 동안 행각하여 수행한 것보다도 수승할 것이다."

착어(着語)

獅子는 咬人하고 韓獹는 逐塊니라.
鐵牛는 生角하고 石馬는 懷胎로다.

사자는 사람을 물고 한나라 개는 흙덩이를 쫓느니라.
무쇠소는 뿔이 나고 돌말은 새끼를 배도다.

心心不異 無如許多般 祇是平常

約山僧見處댄 無如許多般하고 祇是平常이라 著衣喫飯하야 無事過時니라 你諸方來者가 皆是有心하야 求佛求法求解脫求出離三界로다 癡人아 你要出三界하야 什麼處去오 佛祖是賞繫底名句니라 你欲識三界麼아 不離你今聽法底心地이니 你一念心貪이 是欲界오 你一念心瞋이 是色界오 你一念心癡가 是無色界라 是你屋裏家具子니라 三界不自道我是三界하고 還是道流目前靈靈地照燭萬般하야 酌度世界底人이 與三界로 安名이니라 大德이여 四大色身은 是無常이요 乃至脾胃肝膽髮毛瓜齒도 唯見諸法空相이로다 你一念心歇得處를 喚作菩提樹요 你一念心不能歇得處를 喚作無明樹나 無明은 無住處요 無明은 無始終이니라 你若念念心歇不得하면 便上他無明樹하야 便入六道四生에 披毛戴角이어니와 你若歇得하면 便是淸淨身界라 你一念不生하면 便是上菩提樹하야 三界에 神通變化하며 意生化身하야 法喜禪悅하며 身光自照하야 思衣에 羅綺千重하며 思食에 百味具足하야 更無橫病이니라 菩提無住處라 是故로 無得者니라 道流여 大丈夫漢이 更疑箇什麼오 目前用處

는 更是阿誰오 把得便用하야 莫著名字를 號爲玄旨니라 與麼見得
하면 勿嫌底法이로다 古人云心隨萬境轉이요 轉處實能幽이라 隨流
認得性하면 無喜亦無憂니라.

---

1) 육도사생(六道四生): 지옥, 아귀, 축생, 수라, 인간, 천상의 육취(六趣)
와 태란습화(胎卵濕化)의 사생(四生), 곧 미(迷)의 세계(世界) 삼계(욕계,
색계, 무색계)와 같다.
2) 의생화신(意生化身): 보살이 마음대로 나투는 변화신(變化身).
3) 법희선열(法喜禪悅): 법희식(法喜食)과 선열식(禪悅食)을 말함. 법희식
은 묘법(妙法)을 수락(愛樂)하며 심(心)에 희열을 생하는 것. 선열식은
선정을 얻어 심신에 희열을 생(生)하는 것.
4) 신광자조(身光自照): 법신(法身)의 광명이 타(他)의 힘을 빌리지 않고 스
스로 비춤.
5) 고인운(古人云): 서천 제22조(西天 第二十二祖) 마나라존자(摩拏羅尊子)
의 게송.

강설

평상시대로 일없이 때를 지내라

"나의 견지에 의하면 여러 가지가 아무 것도 없다. 다만 평상(平常)시 그대로 옷 입고 밥 먹는 등, 아무 일 없이 때를 지내는 것이다.

그런데 제방(諸方)에서 온 그대들은 다 마음이 있어서 부처도 구하고 법도 구하며 해탈도 구하고 삼계를 벗어날 것을 구한다.

어리석은 자여, 그대들은 삼계를 나와서 어디로 가려고 하는 것이냐? 부처와 조사는 훌륭해서 붙인 이름이다. 그대들은 삼계를 알고 싶어 하느냐? 그것은 그대가 지금 내 법문을 듣는 마음자리를 떠나서 있는 것이 아니다.

그대의 한 생각 탐내는 것이 욕계이다. 그대의 한 생각 성내는 것이 색계이다. 그대의 한 생각 어리석은 것이 무색계이다. 이것은 그대 집안에 있는 도구인 것이다.

삼계는 자기 스스로 '내가 삼계다'라고 말하지 않는다. 도리어 나의 눈앞에서 분명히 여러 가지를 분별하고 세계를 비판해서 아는 사람이 삼계에다 이름을 지어 준다.

대덕이여, 지수화풍 사대로 된 이 몸은 무상한 것이다. 내지 비위간담(脾胃肝膽)의 내장과 머리칼 털 손톱 치아 등도 오직 모든 법이 공한 상(相)임을 나타낼 뿐이다.

그대들이 한 생각 쉰 곳을 보리수라 부르고 그대들이 한 생각 쉬지 못한 곳을 무명수(無明樹)라 부른다. 무명은 어디 머문 곳이 없고 처음과 끝이 없다.

그대들이 만일 생각 생각 마음이 쉴 수 없으면 바로 무명수에 올라가서 즉시 육도사생(六道四生)에 들어가 털이 나고 뿔이 난 축생이 될 것이다.

그대들이 만일 한 생각 쉴 수 있다면 바로 이것이 청정법신의 세계다. 그대들이 한 생각 내지 않으면 바로 보리수에 올라가서 삼계에 신통변화하여 마음대로 화신(化身)을 나투어 중생을 제도하고 법의 기쁨과 선(禪)의 기쁨으로 생활하며 법신의 광명은 자기 스스로 비출 것이다.

옷을 생각하면 비단옷이 얼마든지 있고, 밥을 생각하면 백 가지 맛이 구족(具足)하여 마음대로 먹을 수가 있다. 절대로 뜻밖의 병에 걸리지 않을 것이다. 보리는 어디든지 머문 곳이 없다. 그러므로 얻을 것은 아무것도 없다.

도류(道流)여, 대장부가 무엇을 의심한단 말인가? 눈앞에서 작용(作用)하는 것은 대체 이것이 누구이냐?

이것을 잡으면 바로 써서 명자(名字)에 집착하지 않는 것을 깊은 뜻(玄旨)이라 한다.

이렇게 볼 수 있다면 혐의(嫌疑)할 법(法)이 하나도 없다.

옛 사람이 말하기를

'마음은 만 가지 경계를 따라서 전하고, 전하는 곳이 참으로 깊은 것이다. 그 마음 작용(作用)하는 곳에 그 본성을 깨달으면 기쁠 것도 없고 근심할 것도 없다'고 했다."

🍃착어(着語)

人平不語요 水平不流라
木馬嘶風하고 泥牛渡海하도다.

사람이 평화(平和)로우면 말하지 않고 물이 평탄하면 흐르지 않는다.
나무 말은 바람에 울고 진흙소는 바다를 건너도다.

心心不異 臨濟四賓主(其二)

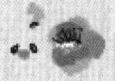

　道流여 如禪宗見解는 死活循然이니 參學之人은 大須子細어다 如主客相見에 便有言論往來라 或應物現形하며 或全體作用하며 或把機權意喜怒하며 或現半身하며 或乘獅子하며 或乘象王하나니라 如有眞正學人하면 便喝하야 先拈出一箇膠盆子어든 善知識이 不辨是境하고 便上他境上하야 作模作樣이어늘 學人이 便喝에 前人은 不肯放하나니 此是膏肓之病이라 不堪醫로다 喚作客看主니라 或是善知識이 不拈出物하고 隨學人問處하야 即奪에 學人이 被奪하고 抵死不放하나니 此是主看客이니라 或有學人하야 應一箇淸淨境하야 出善知識前에 善知識이 辨得是境하고 把得하야 抛向坑裏어든 學人이 言大好善知識이로다 即云咄哉인저 不識好惡로다하거늘 學人이 便禮拜하니 此는 喚作主看主니라 或有學人하야 披枷帶鎖하고 出善知識前에 善知識이 更與安一重枷鎖어든 學人이 歡喜하야 彼此不辨하나니 呼爲客看客이니라 大德이여 山僧이 如是所擧는 皆是辨魔揀異하야 知其邪正이니라.

示衆 | 177

1) 사활순연(死活循然): "아사히나 소우겐선사(朝比奈宗源禪師)는 생(生)도 일시(一時)의 위(位), 사(死)도 일시(一時)의 위(位)이다"라고 말하고 아키츠키 료민교수(秋月龍珉敎授)는 응물현형운운(應物現形云云)이라고 말하는 것과 같이 혹(或)은 살리고 혹(或)은 죽여서 사활작약(死活作略)을 차제(次第)로 행(行)하여 그 문답(問答)에 차제(次第)가 있고 기도(起倒)가 있는 뜻인가 했다. 그러나 나는 사활순연(死活循然)은 사활쌍쌍(死活雙雙)으로 보나니 사활(死活)이 동일하면서 분명히 사(死)와 활(活)이 다른 것이다.
2) 전체작용(全體作用): 탈체현용(脫體現用) 또는 대기대용(大機大用)과 같다.
3) 파기권희로(把機權喜怒): 본래희(本來喜)가 없는 무심의 경지에서 교화상(敎化上) 권도(權道) 방편(方便)으로 희로(喜怒)하여 보이는 것.
4) 혹승사자운운(或乘獅子云云): 사자(獅子)를 타는 것은 문수보살(文殊菩薩), 상왕(象王)을 타는 것은 보현보살(普賢菩薩), 문수는 근본지(根本智), 보현(普賢)은 차별지(差別智)를 말함이니 『전심법요(傳心法要)』에서 말 한 것과 같이 문수는 이(理)에 당하고 보현은 행(行)에 당한다.
5) 교분자(膠盆子): 아교풀을 담은 그릇. 끈적끈적 붙어서 사람의 자유를 구속함을 비유한 것.
6) 고황지병(膏肓之病): 고(膏)는 심장의 하부, 황(肓)은 흉막의 상부이니 여기에 든 병은 불치라고 말했다.
7) 저사(抵死):저사위한(抵死爲限)의 약. 죽기를 작정하고 굳세게 저항함.

마음 마음이 다르지 않는 임제의 경계2

"도 닦는 여러분, 선종의 견해로는 죽음과 삶이 동일하면서 분명히 다르다. 참선(參禪)하는 사람은 이 점을 대단히 자세히 살피지 않으면 안 된다.

만일 주인과 객이 서로 만나볼 적에 서로 문답하는 말을 주고받고 한다. 혹은 물건에 응하여 형상을 나툰다. 혹은 전체작용(全體作用)한다. 혹은 방편으로 건드려 보려고 기뻐하기도 하고 슬퍼하기도 한다. 혹은 본성을 나투어 보이기도 한다. 혹은 사자를 타고 문수보살의 경지(境地)를 나툰다. 혹은 코끼리를 타고 보현보살 경지를 나툰다.

만일 진정하게 참선하는 사람이 선지식을 보고서 바로 할을 하여 먼저 한 개의 아교풀 담은 그릇을 내놓는다면 선지식은 이것이 경계인 줄 모르고 바로 그 경계에 매달려서 여러 가지 모양을 조작한다. 이것을 본 참선하는 사람은 바로 할을 한다. 그래도 선지식은 절대로 놓아 버리려고 하지 않는다.

이것은 고칠 수 없는 큰 병이며 치료할 수가 없다. 이것을 객이 주인을 보는 것이라고 말한다. 이 경우에는 참선하는 사람인 객의 눈이 밝고 선지식인 주인은 눈이 어둡다 하겠다. 혹은 선지식이 자기 스스로 물건을 내놓지 않고 도를 배우는 사람이 묻는 것을 따라서 즉시 빼앗아 버린다.

도를 배우는 사람은 빼앗겨 버리고도 죽음을 무릅쓰고 놓지 않는다. 이것은 '주인이 객을 봄'이라고 말한다. 주인인 선지식은 눈이 밝고 도를 배우는 객은 눈이 어두운 경우이다. 혹은 도를 배우는 사람이 한 개의 청정한 경계를 가지고서 선지식 앞에 나온다. 선지식은 이것이 경계인 줄 알아버리고 빼앗아 가지고 구렁창 속에 내던져 버린다.

도를 배우는 사람은 말하기를
'참으로 훌륭한 선지식입니다.' 한다.
선지식은 즉시 말하기를
'이놈아 아무 조백도 모르는구나'라고 한다. 그러면 도를 배우는 사람은 바로 예배를 한다.

이것은 '주인이 주인을 봄'이라고 말한다.
선지식도 눈이 밝고 도를 배우는 사람도 눈이 밝다고 말하겠다.

혹은 도를 배우는 사람이 여러 가지 교리라든가, 수행과 깨달음 같은 복잡한 것을 가지고서 목에 칼을 베듯 손발을 자물쇠로 결박하듯 해가지고서 선지식 앞에 나온다. 선지식은 다시 칼과 자물쇠로 도를 배우는 사람을 덮어씌운다. 도를 배우는 사람은 감사하다고 기뻐 날뛴다.

이것은 선지식이나 도를 배우는 사람이나 둘 다 알지 못하는 것이다. 이것을 두고 '객이 객을 봄'이라고 말한다. 선지식도 눈이 멀고 도를 배우는 사람도 눈이 먼 것이다.

도를 배우는 사람이여, 내가 이와 같이 여러 가지를 들어 말하는 것은 모두 마구니를 분별하고 이단을 가려내서 정법(正法)과 사법(邪法)을 분명히 알리기 위하여서이다."

착어(着語)

一坑埋却하야사 方始天下泰平이니라.

한 구덩이에 묻어버려야만
바야흐로 비로소 천하가 태평하다.

心心不異 無依道人 用動用不動

道流여 寒情大難하야 佛法幽玄이나 解得함이 可可地니라 山僧은 竟日토록 與他說破하여도 學者는 總不在意하고 千徧萬徧을 脚底踏過하나 黑沒燧地로다 無一箇形段歷歷孤明이어늘 學人은 信不及하야 便向名句上하야 生解하나니 年登半百토록 秖管傍家에 負死屍行하고 擔却擔子하야 天下走하나니 索草鞋錢에 有日在리라 大德이여 山僧說向外無法하여도 學人不會하고 便卽向裏作解하야 便卽倚壁坐하야 舌拄上齶하고 湛然不動하야 取此爲是祖門佛法也하나니 大錯이로다 是你若取不動淸淨境하야 爲是하면 你卽認他無明하야 爲郎主로다 古人云 湛湛黑暗深坑이 實可怖畏라함이 此之是也라 你若認他動者是라하면 一切艸木이 皆解動하나니 應可是道也아 所以로 動者는 是風大요 不動者는 是地大라 動與不動이 俱無自性하나니 你若向動處하야 捉他하면 他向不動處하야 立하며 你若向不動處하야 捉他하면 他向動處하야 立하나니라 譬如潛泉魚鼓波而自躍이로다 大德이여 動與不動은 是二種境이라 還是無依道人이 用動用不動이니라.

1) 해득가가지(解得可可地): 가가지(可可地)는 속어이니 상당하다는 뜻. 상당히 알고 있다는 뜻.
2) 담각담자(擔却擔子): 담자(擔子)는 아래로는 번뇌망상으로부터 위로는 불조등(佛祖等)의 명구(名句)에 이르기까지의 모든 짐.
3) 인타무명위랑주(認他無明爲郎主): 주(主)는 주인공, 주재자. 진인(眞人).
4) 고인운(古人云): 무명의 깜깜한 깊은 구덩이는 앞에 말하는 부동청정경(不動淸淨境)이니 적정(寂靜)한 평등이체(平等理體)에 빠지는 선병(禪病)을 말함.

강설

도를 배우는 사람은 고요하여 동하지 않는다

 "도를 배우는 사람들이여, 순일무잡(純一無雜)한 대도(大道)의 경지가 되기는 매우 어려운 일이다. 불법은 깊고 미묘한 것이지마는 여러 사람이 아는 것이 상당하다. 내가 종일토록 여러 사람을 위하여 설해 주지만 도를 배우는 사람은 모두 뜻이 없다.
 그들은 천 번이나 만 번이나 다리 밑으로 밟고 지나지만 아주 깜깜하여 알지 못한다. 그것은 한 개의 형체도 없이 분명히 자기 자신 스스로 밝게 비춘다. 도를 배우는 사람은 믿음이 철저하지 못하고 바로 여러 가지 말과 이름과 글귀에 집착하여 알음알이를 낸다.
 나이가 오십이 되도록 오로지 옆으로 미끄러져서 죽은 송장을 메고서 다니고 망상이니, 불법(佛法)이니 깨달았느니 조사선이니 하는 짐을 지고서 천하를 돌아다닌다.
 이러하고서야 염라대왕이 짚신 값을 청구할 날이 꼭 있을 것이다.
 대덕이여, 내가 '밖을 향하여 법이 없다'하고 말하여도 학인은 참뜻을 알지 못하고 바로 안으로 향하여 알음알이를 짓는다. 그래서 바로 벽에 의지해 앉아서 혀끝을 위 잇몸에 버티고 침착(沈着)하고 고요하여 동하지 않나니 이것을 가지고서 조사문중(祖師門中)의 불법이라고 하지만 큰 잘못이다.

이렇게 네가 만일 동하지 아니하고 청정한 경계를 가지고서 옳다고 하면 너는 바로 저 무명을 알아 주인공을 삼는 잘못을 저지르게 된다.

옛 사람이 이르기를

'깊고 깊은 깜깜한 구덩이는 참으로 무섭고 두렵다'고 했는데 이것이 그것이다. 너희들이 만일 움직이는 것을 인정하여 이것이라고 하면 모든 풀과 나무는 움직이고 있으니 이것을 당연히 도라고 하여야 될 것이다. 그러므로 동하는 것은 바람의 요소이고 동하지 않는 것은 땅의 요소이다. 동하는 것과 동하지 않는 것이 다 자성이 없는 것이다.

너희들이 만일 동하는 곳에 그것을 붙잡으려고 하면 그것은 동하지 않는 곳에 서 있다. 만일 동하지 않는 곳에 그것을 붙잡으려고 하면 그것은 동하는 곳에 서 있다. 마치 샘물 속에 사는 고기가 물결을 치고 자기 스스로 팔팔 뛰고 다니는 것과 같다.

대덕이여, 움직이는 것과 움직이지 않는 것은 두 가지 경계에 지나지 않는다. 실(實)로는 의지함이 없는 도인이 움직이는 것을 쓰고 움직이지 않는 것을 쓰는 것이다."

🍃착어(着語)

懸崖撒手自肯承當하고 絶後再蘇欺君不得이로다.

벼랑에서 손을 놓아버려야 스스로 기꺼이 승당(承當)하고 죽은 뒤에 다시 회생하여야 그대를 속일 수 없도다.

心心不異 臨濟四料簡(其二)

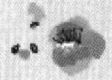

如諸方學人來하면 山僧의 此間에는 作三種根器斷하나니 如中下根器來하면 我便奪其境하고 而不除其法하며 或中上根器來하면 我便境法俱奪하며 如上上根器來하면 我便境法人을 俱不奪하며 如有出格見解人來하면 山僧의 此間에는 便全體作用하야 不歷根器하나니라 大德이여 到這裏에 學人의 著力處라 不通風하고 石火電光卽過了也니라 學人이 若眼定動하면 卽沒交涉이라 擬心卽差요 動念卽乖어니와 有人解者면 不離目前이니라 大德이여 你擔鉢囊屎擔子하고 傍家走하야 求佛求法하나니 卽今與麽馳求底你還識渠麽아 活鱍鱍地하야 祇是勿根株이니 擁不聚요 撥不散이라 求著하면 卽轉遠이어니와 不求하면 還在目前하야 靈音屬耳니라 若人不信이면 徒勞百年하나니라 道流여 一刹那間에 便入華藏世界하며 入毘盧遮那國土하며 入解脫國土하며 入神通國土하며 入清淨國土하며 入法界하며 入穢入淨入凡入聖入餓鬼畜生하야 處處討覓尋호되 皆不見有生有死하야 唯有空名이라 幻化空花를 不勞把捉하고 得失是非를 一時放却이어다.

1) 작삼종근기단(作三種根器斷): 상중하 삼근(三根) 중에 하근(下根)은 제하고 상중을 취하되 중을 중상 중하로 분(分)하여 삼종근기(三種根器)를 작(作)하였다. 여기에 최후의 출격견해인(出格見解人)을 가(加)하면 사종(四種)이 된다. 일종(一種)의 사요간(四料簡)이 된다. 단(斷)은 판단(判斷)의 뜻.
2) 인, 경·법(人, 境·法): 전자(前者)의 사요간(四料簡)에서는 인(人)과 경(境)으로 분(分)한 것을 여기에서는 경을 경(境)과 법(法)으로 분(分)했다. 이 경우에 있어서 법은 이(理)를 말한 것이고 경(境)은 사(事)를 말한 것이라 하겠다.
3) 학인착력처(學人著力處): 도를 배우는 사람이 전력을 낸 곳 전체작용(全體作用)의 곳.

강설

마음 마음이 다르지 않는 임제의 사요간2

"여러 방면에서 도를 배우는 사람이 올 적에 나의 이곳에서는 세 가지 근기(根器)로 나누어서 제접한다.

만일 중하근기(中下根機)의 사람이 오면 나는 바로 그 경계를 뺏고 그 법을 제거하지 않는다. 혹 중상근기(中上根機)의 사람이 오면 나는 바로 경계와 법을 빼앗아버린다. 만일 상상근기(上上根機)의 사람이 오면 나는 바로 경계와 법과 주인공을 다 뺏지 않는다.

만일 격(格)에서 뛰어난 견해의 사람이 오면 나의 이곳에서는 바로 전체작용(全體作用)해서 근기(根機)와는 상관이 없다.

대덕이여, 여기에 이르러서는 도를 배우는 사람이 전력을 다하는 곳이다. 바람도 통할 길이 없고 돌불이나 번갯불도 오히려 느려서 따르지 못하고 지나가 버린다.

도를 배우는 사람이 만일 눈만 움직이면 벌써 교섭함이 없다. 마음을 헤아리려 하면 바로 어긋나고 생각을 조금이라도 움직이면 바로 틀려버린다. 그러나 아는 사람에게는 현재작용(現在作用)하는 그것이다.

대덕이여, 그대는 바랑(鉢囊)과 똥 포대를 짊어지고 밖으로 미끄러져서 불(佛)과 법(法)을 구한다.

지금 이외 같이 좇아 구하는 놈이 무엇인가를 그대는 아느냐? 활발발하게 작용하지만 아무 근거가 없다. 모을 수도 없고 떨쳐버릴 수도 없다. 구하면 구할수록 더욱 벌어진다. 구하지 않으면 도리어 눈앞에 역력(歷歷)히 작용한다.

신령스러운 소리는 귀에 들려온다. 만일 이것을 믿지 않으면 백년을 헛고생할 것이다.

도 닦는 여러분, 일찰나간(一刹那間)에 바로 화장세계에 들어가고 비로자나국토에 들어가고 해탈국토에 들어가고 신통국토에 들어가고 청정국토에 들어가고 법계에 들어가고 더러운 데 들어가고 깨끗한데 들어가고 범부에 들어가고 성인에 들어가고 아귀 축생에 들어가서 도처(到處)에 찾아보아도 나고 죽는 것을 보지 못한다. 아무 것도 없다. 다만 허망한 이름뿐이다.

그러므로 옛사람이 말한 바와 같이 모든 것이 환화(幻化)와 허공 꽃처럼 허망한 것이니, 잡으려고 하지 말고 득실시비(得失是非)를 모두 일시에 놓아버려라."

착어(着語)

三尺鏌鎁로 淸四海라.
殺活自在沒蹤跡이로다.

삼척막야(三尺鏌鎁)칼로 사해(四海)를 맑게 함이라.
죽이고 살림이 자재해서 자취가 없도다.

心心不異 臨濟今日用處 眞正成壞

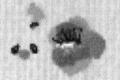

道流여 山僧佛法은 的的相承이니라 從麻谷和尙 丹霞和尙 道一和尙 廬山與石鞏和尙으로 一路行徧天下나 無人信得하고 盡皆起謗이로다 如道一和尙用處는 純一無雜이라 學人三百五百이 盡皆不見他意로다 如廬山和尙은 自在眞正하야 順逆用處에 學人은 不測涯際하고 悉皆忙然이로다 如丹霞和尙은 翫珠隱顯이라 學人來者皆悉被罵로다 如麻谷의 用處는 苦如黃檗하야 皆近不得이로다 如石鞏用處는 向箭頭上하야 覓人에 來者가 皆懼로다 如山僧今日用處는 眞正成壞하야 翫弄神變이라 入一切境에 隨處無事하야 境不能換이니라 但有來求者에 我卽便出하야 看渠에 渠不識我하고 我便著數般衣에 學人은 生解하야 一向入我言句하니 苦哉라 瞎禿子無眼人은 把我著底衣하야 認靑黃亦白이로다 我脫却入淸淨境中하면 學人은 一見코 便生忻欲이나 我又脫却하면 學人은 失心하야 忙然狂走하면서 言我無衣라하거늘 我卽向渠하야 道하되 你識我著衣底人否아하면 忽爾回頭에 認我了也로다 大德이여 你莫認衣하라 衣不能動이라 人能著衣하나니 有箇淸淨衣.有箇無生衣.菩提衣.涅槃衣.有

祖衣. 有佛衣이니라 大德이여 但有聲名文句라 皆悉是衣變이니
從臍輪氣海中으로 鼓激하고 牙齒敲磕하야 成其句義하니 明知是幻化로다 大德이여 外發聲語業하고 內表心所法하야 以思有念하니 皆悉是衣라 你祗麼認他著底衣하야 爲實寔解하면 縱經塵劫이나 祗是衣通이라 三界循環하여 輪廻生死하리라 不如無事니라 相逢에 不相識하고 共語에 不知名이로다.

---

1) 종마곡화상운운(從麻谷和尙云云): 여기에 말하는 선사(禪師)들의 법계는 다음과 같다.

```
                    육조(六祖)
            ┌──────────┴──────────┐
      남악회양(南嶽懷讓)        청원행사(靑原行思)
            │                       │
      마조도일(馬祖道一)        석두희천(石頭希遷)
    ┌───────┼───────┐              │
석공혜장   귀종지상   마곡보철   단하천연(丹霞天然)
(石鞏慧藏)(歸宗智常/廬山拽石)(麻谷寶徹)
```

2) 향전두상멱인(向箭頭上覓人): 석공(石鞏)이 무릇 상당(上堂)에 활(弓)을 당기고 할(喝)해 이르되 화살을 보라. 이와 같이 30년을 하더니 어느날 삼평(三平)이 듣고 바로 좌하(座下)에 이르러서 문득 가슴을 헤쳐 열거늘 사(師)가 문득 활을 놓으니 평(平)이 이르되 "이것은 오히려 이 살인전(殺人箭)이어니와 어떤 것이 이 활인전(活人箭)입니까?" 사(師)가 활줄을 세 번 튕기니 평(平)이 문득 예배(禮拜)를 했다. 사(師)가 이르되 "30년(三十年) 동안 활 하나를 당겨 화살 두 개를 쏘았는데(一張弓兩下箭), 今日에 반개 성인(半介聖人)을 쏘았다"고 했다.
3) 진정성괴 완롱신변(眞正成壞 翫弄神變): 살활자재(殺活自在)의 뜻.

마음 마음이 다르지 않는 임제의 일용처

"도를 배우는 여러분, 나의 불법은 분명히 정통을 서로 이어온 것이다. 마곡화상(麻谷和尙), 단하화상(丹霞和尙), 도일화상(道一和尙), 여산화상(廬山和尙), 석공화상(石鞏和尙)들은 똑같이 조사도(祖師道)를 행하여 천하에 두루 폈다.

그러나 사람들은 믿지 않고 모두 비방만 한다. 도일화상(道一和尙)의 활동하는 경지는 순일(純一)하여 잡(雜)됨이 없다. 그 회하(會下)에서 도를 배우는 삼백, 오백 명의 사람들이 마조스님의 참뜻을 알지 못하였다. 여산화상은 자유자재하게 활동하되 참되고 바른 것을 잃지 않았다. 순(順)하여 작용하고 거슬려서 작용하되 학인은 그 경지를 측량하지 못하고 다 멍할 뿐이었다. 단하화상은 구슬을 놀리되 숨기기도 하고 나타내기도 한다. 학인이 오면 모두 꾸짖었다. 마곡(麻谷)이 작용(作用)하는 경지는 고(苦)가 황벽과 같아서 가까이 할 수가 없었다. 석공(石鞏)이 작용하는 경지는 화살 끝에서 사람을 찾으므로 오는 사람이 다 무서워했다.

내가 오늘 작용하는 경지는 참되고 바르게 이룩하고 무너뜨려서 신묘하게 변화함을 자유자재하게 놀린다. 모든 경지에 들어가도 곳곳마다 일이 없어서 어떠한 경계라도 나의 경지를 바꿀 수 없다. 다만 와서 구하는 자에게는 나는 바로 나가서 저를 보지만 저는 나를 알지 못한다.

내가 몇 가지 옷을 입으면 학인은 거기에 알음알이를 내고 오로지 내 말과 글귀에 집착한다.

딱하나 눈먼 승려는 내가 입은 옷에 집착하여 푸르고 누르고 붉고 흰줄로 안다. 내가 벗어버리고 청정한 경계 가운데로 들어가면 학인은 한번 보고는 바로 기쁜 생각을 낸다. 내가 또 옷을 벗어버리면 학인은 마음을 잃고 멍하니 제 정신 없이 미쳐 달아나면서 내가 옷이 없다고 말한다.

내가 바로 저에게 말하되

'그대가 나의 옷 입는 사람을 아느냐?'

하면 저가 홀연(忽然)히 머리를 돌리고서 나를 알아버린다.

대덕이여, 그대들은 옷에 집착하지 마라. 옷은 자기 스스로 움직이지 못하는 것이므로 사람이 옷을 입을 수가 있는 것이다. 청정한 옷이 있고 남이 없는(無生)의 옷이 있고 보리의 옷이 있고 열반의 옷이 있고 조사(祖師)의 옷이 있고 부처의 옷이 있다. 모든 음성과 이름 문구(文句)는 다 옷이 변한 것이다. 배꼽 아래 기해(氣海)로부터 진동하고 이빨이 서로 부딪쳐서 그 글귀가 되고 글귀의 뜻을 이룬다. 이것이 환화(幻化)인 것이 분명하다.

대덕이여, 음성과 말의 행위를 밖으로 발하고 마음의 작용을

안으로 나타낸다. 안의 생각으로서 항상 생각하는 것이 있다. 이
것은 다 옷에 지나지 않는다. 그대가 오로지 자기가 입는 옷에
집착하여 참의 알음알이를 지으면 한량없는 세월을 지내어도 다
만 껍데기 옷을 이해함이다. 삼계에 돌아다니고 생사를 되풀이
하게 된다. 일없이 하는 것이 제일 훌륭한 것이다. 서로 만나도
서로 알지 못하고 같이 말해도 서로 이름을 알지 못한다."

착어(着語)

見與師齊하면 減師半德하고 見過於師하야사 方堪傳授니라. 然이나 畢
竟沒交涉이니 三脚蝦蟇는 飛上天이로다.

견해가 스승으로 더불어 같으면 스승이 반덕(半德)을 멸(減)하고 견
해가 스승보다 지나야만 바야흐로 견디어 전(傳)해 줄만 하니라.
그러나 마침내는 교섭이 끊어지니 세 다리의 두꺼비는 날아서
하늘로 올라가도다.

心心不異 欲識汝本心 非合非離

　今時學人不得은 蓋爲認名字爲解일새이니라 大策子上에 抄死老漢語하고 三重五重으로 複子裏하야 不敎人見하고 道是玄旨하야 以爲保重하나니 大錯이로다 瞎屢生아 你向枯骨上하야 覓什麽汁고 有一般不識好惡하야 向敎中取意度商量하야 成於句義하나니 如把屎塊子하야 向口裏含了하고 吐過與別人이라 猶如俗人이 打傳口令相似하야 一生虛過로다 也道我出家라하나 被他問著佛法하야는 便卽杜口無詞하고 眼似漆突口如楄擔하나니 如此之類는 逢彌勒出世라도 移置他方世界하야 寄地獄受苦하리라 大德이여 你波波地往諸方하야 覓什麽物하야 踏你脚板闊케하난다 無佛可求며 無道可成이며 無法可得이라 外求有相佛하면 與汝不相似니라 欲識汝本心인댄 非合亦非難이니라 道流여 眞佛無形이며 眞道無體며 眞法無相이라 三法混融하야 和合一處이니 旣辨不得을 喚作忙忙業識衆生이니라

1) 금시학인부득(今時學人不得): 득(得)은 어학적으로 보아서 옳지 못하다는 뜻, 도(道)를 얻지 못하다는 뜻이 아니라 한다.
2) 대책자상운운(大策子上云云): 책자(策子)는 책자(册子)와 같음.
3) 타전구령(打傳口令): 입으로 귀에 비밀히 말을 전(傳)하는 유희(遊戲)
4) 야도아출가(也道我出家): 야(也)는 거의 또한 '수(雖)'의 뜻과 같음.
5) 안사칠돌운운(眼似漆突云云): 오직 꺼면 눈을 뜨고 있을 뿐. 생기(生氣)를 잃은 눈의 형용(形容). 칠돌(漆突)은 새까만 굴뚝. 편담(楄擔)은 짐지는 몽둥이.
6) 미륵출세(彌勒出世): 석가멸후 56억 칠천만 년 후에 미륵불이 하생(下生)하여 중생을 제도한다 함.
7) 이치타방세계(移置他方世界): 『화엄현담(華嚴玄談) 권7』에서 설함. 법을 잘못 설한 과보로 차방아귀지옥에서 타방아귀지옥으로 옮겨서 순력(巡歷)하여 최후에는 무간지옥에 떨어져서 천불이 출세해도 구할 수 없다 함.
8) 외구유상불운운(外求有相佛云云): 서천 제8조 불타난제존자(佛陀難提尊者)의 게. "비합역비이(非合亦非離)"는 본심은 본래자기(本來自己)이니 새로 합(合)할 것도 없고 여읠 것도 없다 하겠으나 종지상(宗旨上)으로서는 더욱 깊은 데 있다.

강설

본래 마음은 함께 있는 것도 아니고 떠나 있는 것도 아니다

"오늘에 도를 배우는 사람이 옳지 못한 것은 이름이나 글자에 집착하여 분별하기 때문이다. 큰 책(册)에다 죽은 소용없는 노스님의 말을 베껴 가지고서 세 겹 다섯 겹으로 보자기에 싸서 사람이 못 보게 하고 이것이 현묘(玄妙)한 뜻이라고 말하여 귀중하게 지니지만 큰 잘못이다.

눈멀고 어리석은 놈아, 너희는 말라빠진 뼈에서 무슨 국물을 구하려고 하느냐? 아무 조백도 모르는 승려들이 교학으로 교리(敎理)를 사량복탁(思量卜度)하여 글 뜻을 취한다. 그것은 똥덩이를 입에 물고 다른 사람에게 토해 먹이는 것과 같다. 마치 속인(俗人)이 입으로 귀에 비밀히 말을 전하는 장난과 같아서 일생을 허송세월하게 된다. 그래도 '나는 출가했다'고 말하나 다른 사람이 불법(佛法)을 물으면 바로 입을 다물고 말이 없으며 눈은 새까만 굴뚝과 같이 구멍만 열리고 입은 몽둥이 한일 자로 다물어서 말을 못한다. 이러한 무리들은 미륵부처님이 세상에 나오셔도 다른 세계에 쫓겨 가서 나중에는 지옥에 떨어져서 고통을 받을 것이다. 여러

분들이 부산하게 여러 곳으로 다니면서 무슨 물건을 구하려고 그대로 발바닥이 넓죽하도록 돌아다니는가?

　구할 만한 부처도 없으며 이룰 만한 도는 없으며 얻을 만한 법도 없다.

　'밖으로 상(相) 있는 부처를 구하면 그대에게 마땅한 일이 못 된다. 그대의 근본마음을 알고 싶은가? 근본마음은 합(合)할 것도 없고 여읠 것도 없느니라.'

　도를 배우는 여러분, 참부처는 모양이 없으며, 참도는 몸이 없고, 참법(法)은 형상이 없다. 이 세 가지 법은 혼합융통(混合融通)하여 한곳에 화합한다. 이것을 알지 못하는 것은 가이 없이 망망(忙忙)한 업식(業識)의 중생이라고 부른다."

🍃착어(着語)

這臨濟老漢이 與麽老婆心切說破하나 據西翁所見컨댄 未免和泥合水라. 好與這老漢深坑埋却이니 若人辨得하면 天下橫行하나니라.

이 임제 늙은이가 이와 같이 노파심절(老婆心切)하게 설파(說破)하나, 서옹(西翁)의 소견을 의거하건댄 진흙에 화(和)하고 물에 화합함을 면치 못함이라. 좋이 이 늙은이로 더불어 깊은 구덩이에 묻어버릴지니 만일 사람이 알아 얻으면 천하를 횡행하리라.

眞佛 眞法 眞道

問, 如何是眞佛眞法眞道이닛고 乞하노니 垂開示하소서 師云 佛者는 心淸淨이 是요 法者는 心光明이 是요 道者는 處處無礙淨光이 是니라 三卽一이나 皆是空名而無實有니라 如眞正學道人은 念念心不間斷이니라 自達磨大師從西土來로 祇是覓箇不受人惑底人이로다 後遇二祖一言에 便了하고 始知從前虛用功夫하니라 山僧의 今日見處는 與祖佛不別이니라 若第一句中得하면 與祖佛로 爲師요 若第二句中得하면 與人天爲師요 若第三句中得하면 自救不了니라.

---

1) 진정학도(眞正學道): 명판(明版) 고존숙어록(古尊宿語錄) 본(本)에 학도인(學道人)으로 되었고, 다른 본(本)에는 학(學)자가 작(作)자로 되었다. 또 『연등회요(聯燈會要) 권9』와 『인천안목(人天眼目)』에는 아예 학자(學字)나 작자(作字)가 없다. 여기서는 명판본(明版本)을 따랐다.

강설

참부처, 참법, 참도

묻기를

"참부처 참법(法) 참도(道)는 어떠한 것입니까? 가르쳐 주시기를 바랍니다."

임제스님은 대답하셨다.

"부처는 마음이 청정한 것이다. 법은 마음의 광명(光明)이다. 도는 어디에나 걸림이 없는 청정광명이다.

이 셋은 바로 하나이다. 이것은 다 빈 이름뿐이고 참으로 있는 것이 아니다. 저 진정(眞正)한 도(道) 배우는 사람은 생각, 생각 마음에 간단(間斷)이 없다. 달마대사는 인도로부터 중국에 온 뒤로 오직 사람의 혹함을 받지 않는 사람을 찾았다. 뒤에 2조 혜가(二祖 慧可)를 만났다. 2조 혜가는 달마대사의 한 말에 바로 깨닫고 비로소 지금까지 헛되게 공부에 애썼음을 알게 되었다. 나의 오늘의 견처는 조불(祖佛)과 다르지 않다.

만일 제일구(第一句) 중에서 깨달으면 조불(祖佛)에 대하여 스승이 된다. 만일 제이구(第二句) 중에서 깨달으면 인간과 천상에 대하여 스승이 된다. 만일 제삼구(第三句) 중에서 깨달으면 자신도 구(救)해 마치지 못한다."

§ 착어(着語)

三句可辨이나 一鏃遼空이로다.

삼구를 가(可)히 분별하나
한 화살촉이 허공에 멀리 날아가도다.

西來意

問, 如何是西來意이닛고 師云 若有意면 自救不了니라 云 旣無意인댄 云何二祖得法이닛고 師云 得者는 是不得이니라 云 旣若不得인댄 云何是不得底意이닛고 師云 爲你向一切處馳求心이 不能歇일세 所以로 祖師言 咄哉라 丈夫여 將頭覓頭로다하시니 你言下에 便自回光返照하야 更不別求이니 知身心與祖佛로 不別하고 當下에 無事를 方名得法이로다 大德이여 山僧은 今時에 事不獲已하야 話度說出許多不才淨하나 你且莫錯이어다 據我見處인댄 實無許多般道理하고 要用에 便用하고 不用에 便休니라 祇如諸方에 說六度萬行하야 以爲佛法이나 我道是莊嚴門佛事門이요 非是佛法이라 乃至持齋持戒에 擎油不潤하야도 道眼不明하면 盡須抵債라 索飯錢에 有日在리라 何故如此오 入道不通理하야 復身還信施라 長者八十一에 其樹不生耳하나라 乃至孤峰獨宿하고 一食卯齋하며 長坐不臥하고 六時行道호되 皆是造業底人이며 乃至頭目髓腦國城妻子와 象馬七珍을 盡皆捨施하여도 如是等見은 皆是苦身心故로 還招苦果라 不如無事純一無雜이로다 乃至十地滿心菩薩도 皆求此道流蹤

跡하나 了不可得이니 所以로 諸天歡喜하며 地神捧足하고 十方 諸佛도 無不稱歎하나니 緣何如此오 爲今聽法道人用處에는 無蹤跡일세니라.

---

1) 조사서래의(祖師西來意): 달마대사가 인도에서 중국에 온 뜻. 후세에 여하시 불법대의(如何是 佛法大意)라 함에 선문답의 법식(法式)이 되었다.
2) 화도설출(話度說出): 설도(話度)는 당시의 속어이니 말을 지껄인다는 뜻.
3) 허다불재정(許多不才淨): 불재정(不才淨)은 더럽다는 말. 쓸데없다는 뜻.
4) 육도(六度): 보시 지계 인욕 정진 선정 지혜 육바라밀.
5) 장엄문(莊嚴門): 종교적으로 장엄하는 것.
6) 불사문(佛事門): 중생교화(衆生敎化)의 수단방법.
7) 지재(持齋): 마음의 "일식묘재(一食卯齋)"와 같음. 계율에 의하여 오전중(묘시=조조) 일차만 식사를 함. 재(齋)는 식(食). 시식(時食)이라 하고 본래 청정의 뜻.
8) 경유(擎油): 『대반열반경22』 고귀덕왕품(高貴德王品)에 왕칙(王勅)에 의하여 발우에 기름을 가득히 담아 25리나 되는, 사람이 번잡한 길을 한 방울도 흘리지 않고 통과하는 것과 같이 조심해서 수행하여 전심(專心)하라고 설(說)한 고사에 의한 일.
9) 입도대통리운운(入道大通理云云): 서천 제15조(西天 第十五祖) 가나제바(伽那提婆)의 게(偈). 존자(尊者)가 비라국(毘羅國)을 심방(尋訪)하니 79세의 장자가 있는데, 그 정중(庭中)의 노목(老木)에 맞이 있는 나무버섯이 돋아났다. 이상한 것은 그 버섯은 장자와 제 2자만에만 보이고 이것을 따면 또 났다. 이를 들은 존자는 이 게를 송했다. 이 두 사람은 일찍이 성심을 다해서 한 비구를 공양했는데, 그 비구가 불법을 깨닫지 못

한 과보(果報)로 몸을 나무버섯으로 바꾸어서 계속 갚았고, 그 빚 갚는 일도 장자 나이 81세가 되면 마친다고 말한 이야기이다.

10) 육시행도(六時行道): 일주야(一晝夜)를 6분(分)하여 진시(辰時) 일중(日中) 일몰(日沒) 초야(初夜) 중야(中夜) 후야(後夜)의 육시(六時)에 불도(佛道)를 수행하여 예불함을 말함.

11) 두목수뇌운운(頭目髓腦云云): 석가의 전생담. 자기 육체와 소유물을 보시하여 보시태자라고 불렀던 고사(故事)이다.

강설

달마가 서쪽에서 온 뜻은

묻기를
"달마조사가 서방 인도로부터 오신 뜻은 무엇입니까?" 하니,
임제스님께서 대답하시되
"만일 뜻이 있다면 자기도 구(救)할 수 없다."
또 묻기를
"뜻이 없다고 할 것 같으면 이조(二祖)는 어떻게 법(法)을 얻었다 하겠습니까?"
스님께서 이르시되
"얻었다는 것은 얻지 못했다는 말이다."
묻되
"얻지 못했다 말한 것 같으면 얻지 못했다는 뜻은 무엇입니까?"
스님께서 대답 하시되
"네가 모든 곳에 있어서 치구(馳求)하는 마음을 쉬지 못하므로 조사(祖師)가 말씀하시기를
'이놈아 장부가 되어가지고 머리가 있는데 어리석게 머리를 찾

는구나.'

하시니 너희들이 이 말끝에 바로 참나로 돌아가서 참나가 스스로 비쳐서 아주 따로 구하지 아니하여 몸과 마음이 조불(祖佛)과 다르지 않음을 깨닫고 바로 일이 없는 것을 법을 얻었다 말한다.

여러분, 나는 지금 마지못해서 여러 가지 쓸데없는 것을 지껄여 말했다. 그대들은 어쨌든 잘못하지 마라. 나의 견처로 말할 것 같으면 참으로 여러 가지 도리가 없다. 작용하고 싶으면 바로 작용하고, 작용하고 싶지 않으면 바로 쉰다.

제방(諸方)에서는 보시, 지계, 인욕, 정진, 선정, 지혜의 육도(六度) 만행(萬行)을 말하여 불법(佛法)이라 한다.

그러나 나는 '이것은 장엄문(莊嚴門)이요 불사문(佛事門)이지 불법(佛法)은 아니라'고 말한다. 그 뿐만 아니라 계율을 잘 지니기를 기름을 받들어 가져서 출렁거려 흘리지 않음과 같이, 여법하고 면밀한 수행을 하여도 도안(道眼)이 밝지 못하면 빚을 꼭 갚지 않으면 안 된다.

염마대왕(閻魔大王)이 밥값을 청구할 날이 꼭 있을 것이다. 어째서 그러한가?

'불도(佛道)에 들어와서 불법을 통하지 못함으로 몸을 바꾸어서 공양 받은 빚을 갚음이니 장자가 팔십일 세가 되매, 그 나무에 버섯이 나지 않았느니라.'하는 이야기도 있지 않은가 말이다. 또 외로운 봉우리에 혼자 지내면서 하루에 묘시(卯時) 한때만 먹고 늘 좌선하여 눕지도 않고 밤낮 육시로 불도(佛道)를 수행해도 다 이것은 업(業)을 짓는 사람이다.

또 자기의 머리, 눈, 골수(骨髓), 머리골, 국성(國城), 처자(妻子), 코끼리, 말, 등 일곱 가지 보배를 다 버려서 보시하는 어려운 착한 행도 이와 같은 견해는 다 몸과 마음을 괴롭히는 고로 괴로운 과보(果報)를 부른다. 일이 없어서 순일무잡(純一無雜)한 것이 제일이다. 십지(十地)의 수행이 과만(果滿)한 보살에 이르기까지 모든 보살이 도를 배우는 사람의 종적을 구해 보아도 아주 찾을 수가 없다.

그러므로 제천(諸天)은 기뻐하며 지신(地神)은 발을 받들어 모시고 시방(十方)의 모든 부처도 칭찬, 찬탄하신다. 어째서 그러한가? 현금(現今) 법문을 듣는 여러분, 도인(道人)의 작용에는 자취가 없기 때문이다."

착어(着語)

可憐車馬客이여 門外에 任他忙이로다. 利刃有蜜不須舐요 蠱毒之家 水莫嘗하라. 不舐不嘗을 俱不犯하야사 端然衣錦自還鄕이로다. 空裏 蟾光撮得麽아

가련한 車馬客이여 문밖에 저대로 바쁘도다.
날카로운 칼날에 묻은 꿀을 핥지 말고
고독(蠱毒)의 집 물을 맛보지 마라.
핥고 맛봄을 다 범하지 말아야만
단연(端然)히 비단옷으로 고향에 돌아가리로다.
허공 속 달빛을 잡을 수 있느냐?

大通智勝佛

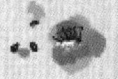

 問, 大通智勝佛은 十劫을 坐道場호되 佛法이 不現前하야 不得
成佛道라하니 未審케라 此意如何닛고 乞師指示하소서 師云 大通者
는 是自己於處處에 達其萬法無性無相이 名爲大通이요 智勝者는
於一切處에 不疑하고 不得一法이 名爲智勝이요 佛者는 心淸淨하고
光明이 透徹法界라 得名爲佛이니라 十劫坐道場者는 十波羅蜜이
是요 佛法不現前者는 佛本不生이요 法本不滅이라 云何更有現前
이리요 不得成佛道者는 佛不應更作佛이라 古人云 佛堂在世間호되
而不深世間法이라 하니라 道流여 你欲得作佛인댄 莫隨萬物하라 心
生에 種種法生이요 心滅에 種種法滅이라 一心不生하면 萬法無咎라
하니라 世與出世에 無佛無法하야 亦不現前이며 亦不會失이라 設有
者도 皆是名言章句라 接引小兒하는 施設藥病이요 表顯名句니 且
名句不自名句라 還是你目前昭昭靈靈 鑑覺聞知照燭底 安一切
名句로다
大德이여 造五無間業하야사 方得解脫이니라

1) 대통지승불운운(大通智勝佛云云):『법화경』화성유품(化城喩品)의 게(偈). 게의 본래의미는 대통지승불이 무한세월동안 중생이 각(覺)함을 기다린다는 뜻이나 경(經)의 원의(原意)와는 달리 일찍부터 선문(禪門)에서 문제삼았다.
2) 십바라밀(十波羅蜜): 육바라밀(六波羅蜜)에 선교(善巧), 방사方使), 역(力), 지(智)의 넷을 더하여 십이 된다.
3) 고인운(古人云):『여래화엄지혜광명입일체불경계경(如來華嚴智慧光明入一切佛境界經)』에 있는 문수보살의 말.
4) 시니목전소소영영(是你目前昭昭靈靈): 목전(目前)에 차별이 없는 진인(眞人)이 활발발지(活撥撥地) 작용(作用)함을 말함이니 감각문지(鑑覺聞知)의 감(鑑)은 안(眼)의, 각(覺)은 신(身)의, 문(聞)은 이(耳)의, 지(智)는 의(意)의 작용을 말함. 진인(眞人)이 육근문두(六根門頭)에서 출입하여 작용함을 말함.

강설

대통지승불

묻기를

"대통지승불(大通智勝佛)은 십겁(十劫)이란 한량없는 세월을 도량(道場)에서 좌선하였지만 불법(佛法)이 현전(現前)하지 아니하여 불도(佛道)를 이룰 수가 없었다고 했으니 대체 이 뜻은 무엇입니까? 가르쳐 주시기를 천만(千萬) 바랍니다."

임제스님이 대답하시기를

"대통(大通)이란 것은 자기가 도처에서 그 모든 존재한 것이 자성이 없고 형상이 없음을 통달하는 것을 대통이라 이름하고, 지승(智勝)이란 것은 모든 곳에서 의심하지 아니하고 한 법도 얻을 게 없는 것을 말한다. 부처라는 것은 마음이 청정하고 광명(光明)이 투철한 것을 부처라고 말한다. 십겁(十劫)을 도량(道場)에서 좌선하였다는 것은 십바라밀(十波羅蜜)이 그것이다. 불법이 현전(現前)하지 않는다는 것은 부처는 본래 날(生)것이 없고 법은 본래(本來) 멸할 것이 없다. 그러므로 새삼스럽게 불법(佛法)이 현전(現前)하겠는가? 불도를 이룰 수가 없다는 것은 부처가 또 다시 부처를 지을 수는 없는 것이다.

　옛 사람이 이르되,

　'부처가 항상 세간(世間)에 있지만 세간법에 물들지 않는다'고 하였다.

　도를 배우는 여러분, 그대들이 부처가 되고 싶거든 만물(萬物)에 이끌리지 마라. 마음이 생(生)하면 여러 가지 존재한 것이 생하고 마음이 멸하면 여러 가지 존재한 것이 멸한다. 그러므로 '한 마음이 나지 않으면 모든 존재(存在)한 것이 허물이 없다'고 했다. 세간(世間)에 있어서나 출세간(出世間)에 있어서나 부처도 없고 법(法)도 없다. 현전(現前)하지도 아니하고 또한 잃어버린 일도 없다. 설사 있다 해도 그것은 다 이름과 문장과 글귀에 지나지 않는다.

　어린애를 달래는 방편(方便)의 약이고 무엇을 표현하는 이름 글귀에 지나지 아니한다. 그리고 이름과 글귀는 제 자신이 이름과 글귀라고 하지 못한다. 그 실(實)은 나의 눈앞에서 명백하고 영묘(靈妙)하게 보고 듣고 아는 네 자신 그놈이 모든 이름과 글귀를 만들어내는 것이다.

　여러분, 오무간업(五無間業)을 지어서만이 해탈할 수 있다."

착어(着語)

風吹不入이요 水灑不著이라
只許老胡知요 不許老胡會니라.

바람 불어도 스며들지 못하고
물을 뿌려도 들어붙지 않음이라.
다만 늙은 호인(胡人)의 앎(知)을 허락하고
늙은 호인의 이해(會)를 허락하지 않는다.

五無間業

問 如何是五無間業이닛고 師云 殺父害母하며 出佛身血하고 破
和合僧하며 焚燒經像等이 此是五無間業이니라 云 如何是父이닛고
師云 無明이 是父니 你一念心求起滅處하되 不得이 如響應空이라
隨處無事함이 名爲殺父니라 云 如何是母이닛고 師云 貪愛爲母니
你一念心이 入欲界中하야 求其貪愛에 唯見諸法空相이라 處處無
著이 名爲害母니라 云 如何是出佛身血이닛고 師云 你向淸淨法界
中하야 無一念心生解하야 便處處黑暗이 是出佛身血이니라 云 如
何是破和合僧이닛고 師云 你一念心이 正達煩惱結使가 如空無所
依함이 是破和合僧이니라 云 如何是焚燒經像이닛고 師云 見因緣
空心空法空하야 一念決定斷에 逈然無事함이 便是焚燒經像이니라
大德이여 若如是達得하면 免被他凡聖名礙니라 你一念心祇向空
拳指上하야 生實解하며 根境法中虛捏怪하야 自輕而退屈하고 言我
是凡夫요 他是聖人이라하나니 禿屢生이여 有甚死急하야 披他獅子
皮하고 却作野干鳴하난다 大丈夫漢이 不作丈夫氣息하고 自家屋
裏物을 不肯信하고 祇麼向外覓하야 上他古人閒名句하야 倚陰博

陽하나니 不能特達이로다 逢境에 便緣이요 逢塵에 便執하야 觸處惑起하고 自無准定이로다 道流여 莫取山僧說處하라 何故오 說無憑據하야 一期間에 圖畫虛空함이 如彩畫像等喻일새로다 道流여 莫將佛爲究竟하라 我見하니 猶如厠孔이요 菩薩羅漢은 盡是枷鎖라 縛人底物이니라 所以로 文殊는 仗劍殺於瞿曇이요 鴦掘은 持刀害於釋氏로다 道流여 無佛可得이요 乃至三乘五性圓頓教迹이 皆是一期藥病相治라 並無實法이니라 設有라도 皆是相似요 表顯路布요 文字의 差排라 且如是說이로다 道流여 有一般禿子하야 便向裏許하야 著功하고 擬求出世之法하나니 錯了也니라 若人이 求佛하면 是人은 失佛이요 若人이 求道하면 是人은 失道요 若人이 求祖하면 是人은 失祖이니라 大德이여 莫錯이어다 我且不取你解經論하며 我亦不取你國王大臣하며 我亦不取你辯似懸河하며 我亦不取你聰明智慧하고 唯要你眞五見解하나니라 道流여 設解得百本經論이라도 不如一箇無事底阿師이니라 你解得하면 卽輕懱他人하야 勝負修羅와 人我無明으로 長地獄業이니라 如善星比丘가 解十二分教라도 生身陷地獄하야 大地不容하니 不如無事休歇去로다 飢來喫飯하며 睡來合眼이니라 愚人은 笑我나 智乃知焉이라하니라 道流여 莫向文字中求하라 心動疲勞하야 吸冷氣無益이니 不如一念緣起無生하야 超出三乘權學菩薩이니라 大德이여 莫因循過日하라 山僧이 往日未有見處時에 黑漫漫地라 光陰을 不可空過하야 腹熱心忙이러니 奔波訪道後에 還得力하야 始到今日共道流하야 如是話度이로다 勸諸道流하노니 莫爲衣食이어다 看하라 世界는 易過요 善知識은 難遇하야 如

優曇華時一現耳로다 你諸方聞道有箇臨濟老漢하고 出來에 便擬問 難敎語不得이어든 被山僧全體作用하고 學人은 空開得眼이나 口總動不得이라 懵然不知以何答我로다 我向伊道하노니 龍象蹴踏은 非驢所堪이라하나니라 你諸處秖指胸點肋하고 道我解禪解道나 三箇兩箇到這裏하야는 不奈何로다 咄哉라 你將這箇身心하야 到處에 簸兩片皮하고 誑謼閭閻하니 喫鐵棒에 有日在로다 非出家兒라 盡向阿修羅界하야 攝이니라 夫如至理之道는 非諍論而求激揚하고 鏗鏘以摧外道니라 至於佛祖相承하야는 便無別意로다 設有言敎하나 落在化儀인 三乘五性人天因果라 如圓頓之敎는 又且不然하야 童子善財皆不求過이니라 大德이여 莫錯用心이어다 如大海不停死屍하라 秖麽擔却하야 擬天下走라 自起見障하야 以礙於心이로다 日上無雲이면 麗天普照요 眼中無翳면 空裏無花로다 道流여 你欲得如法인댄 但莫生疑하라 展即則彌綸法界요 收則絲髮不立이라 歷歷孤明에 未曾欠少로다 眼不見하고 耳不聞하니 喚作什麽物고 古人云 說似一物이라도 則不中이라하니 你但自家看하라 更有什麽오 說亦無盡이니 各自著力이어다 珍重하라.

---

1) 오무간업(五無間業): 무간지옥에 떨어지는 오역죄(五逆罪)를 들어서 임제스님은 반대로 오대죄(五大罪)를 범함으로 참 해탈자유(解脫自由)를 얻는다는 독자(獨自)의 견해를 전개함.
2) 결사(結使): 사람을 미(迷)의 세계에 맺어서 구사(驅使)하는 뜻이니 번뇌

의 다른 이름.
3) 인연공심공법공(因緣空心空法空): 심공(心空)은 인공(人空) 또는 아공(我空)이니 인간의 자기(自己)에는 실체인 자아는 없다는 입장. 법공(法空)은 존재하는 식법(識法)이 인연으로 성립하여 실체가 없다는 입장. 인연공(因緣空)은 인(人)과 법이 구공(俱空)하다는 뜻.
4) 유심사급(有甚死急): 심(甚)은 무슨의 뜻. 사급(死急)은 아주 대단히 긴급하다는 뜻.
5) 의음박양(倚陰博陽): 음(陰)에 의지하고 양(陽)에 붙는 뜻. 분별하는 마음은 선악(善惡), 시비(是非), 미추(美醜), 대소등(大小等), 모순(矛盾), 상대되는 것을 사량(思量)하므로 이 이성적작용(理性的作用)을 음양(陰陽)에 의지(依支)해서 작용하는 것으로 표현(表顯)하였음.
6) 문수장검(文殊仗劍):『보적경(寶積經)』에 있는 고사. 불타(佛陀)의 제자들이 부처의 계율에 집착하여 죄의식에 사로잡혀 괴로워함을 구하려고 문수가 칼을 가지고 부처를 살해하려고 한 이야기.
7) 구담(瞿曇): 석존(釋尊)의 성(姓).
8) 앙굴(鴦掘):『앙굴마라경(鴦堀摩羅經)』에 있는 고사. 지만외도(指鬘外道)라고 역함. 앙굴리마라라는 외도가 천인(千人)의 손가락을 끊어서 목걸이를 만들려다가 천인을 채울 차례에 석존을 만나 개심귀의했다는 이야기.
9) 삼승오성(三乘五性): 삼승(三乘)은 성문(聲聞), 연각(緣覺), 보살(菩薩), 오성(五性)은 법상종에서 중생이 선천적으로 갖추고 있는 성질이니 보살정성(菩薩定性), 연각정성(緣覺定性), 성문정성(聲聞定性), 삼승부정성(三乘不定性), 무성유정(無性有情)이다.
10) 원돈지교(圓頓之敎): 대승최상(大乘最上)의 교(敎).
11) 개시상사운운(皆是相似云云): 상사(相似)는 모주(模倣) 모조(模造)의 뜻. 노포(路布)는 노포(露布)니 본래(本來) 전승(戰勝)을 고하는 플래카드.
12) 향이허착공(向裏許著功): 허(許)는 접미사이니 이허(裏許)는 안, 내면, 내부. 착공(著功)은 착력(著力)과 같음. 잔뜩 힘을 써서 노력하는 것.

13) 일기간도화허공 여채화상등(一期間圖畵虛空 如彩畵像等): 화가가 여러 가지로 그림 그려서 보이는 비유이니 부처님 설법도 본래 일정한 형식이 없는 법을 사람들에게 알기 쉽게 여러 가지 형식으로 거짓 보인다는 얘기가 『능엄경』과 『열반경』의 고귀덕왕품(高貴德王品)에 있다.
14) 선성비구(善星比丘): 『열반경』 가화보살품(迦華菩薩品)에 있는 이야기. 선성비구는 널리 경론(經論)을 이해하였으나 자기를 깨닫지 못했기 예문에 악우(惡友)를 가까이해서 마침내 지옥에 떨어졌다 함.
15) 기래끽반운운(飢來喫飯云云): 남악회양(南嶽懷讓 677~744) 선사의 낙도가(樂道歌).
16) 득력(得力): 당대(唐代)에는 사람 덕택(德澤)을 입었다는 뜻.
17) 우담화운운(優曇華云云): 우담바라화(優曇鉢羅華). 3천년만에 한 번 꽃이 핀다고 하며 희유하다는 비유.
18) 제방문도운운(諸方聞道云云): 문도(聞道)란 그냥 듣는다는 말. 언도(言道) 지도(知道), 신도(信道) 등의 예와 같음.
19) 용상축답운운(龍象蹴踏云云): 용상(龍象)은 코끼리 중에서 가장 훌륭한 코끼리.
20) 지흉점륵(指胸點肋): 자부(自負) 자신(自信)을 보이는 형용.
21) 여염(閭閻): 여염은 촌리(村里)의 문(門). 여기에서는 서민의 뜻.
22) 갱장(鏗鏘: 갱(鏗)은 금석(金石)의 성(聲). 장(鏘)은 옥(玉)의 성(聲). 소리를 크게 해서 논란(論難)하는 것.
23) 개불구과(皆不求過): 『화엄경』 입법계품에 선재동자가 53인의 선지식을 역방구도(歷訪求道)한 것은 삼승(三乘) 오성(五性) 등의 계단적 수행을 설(說)하는 화의법문(化儀法門)을 구하여 순례한 것이 아니고 일념(一念)에 삼승권학(三乘權學)을 초월(超越)한 원돈일승(圓頓一乘)의 교법을 구한 것이다. 그러므로 선재는 밖으로 법을 구한 것이 아니고 본구(本具)의 자기심법(自己心法)을 각(覺)한 것이므로, 일백십성(一百十城)을 지나서 53선지식을 순례했지만, 그 53인 한 사람도 밖으로 구하여

간 것이 아니라는 뜻.
24) 전즉미륜법계운운(展則彌綸法界云云): 우두법융(牛頭法融)의「절관론(絕觀論)」의 구(句).
25) 안불견이불문운운(眼不見耳不聞云云): 배도선사(杯渡禪師)의「일발가(一鉢歌)」의 구(句).
26) 고인운 설사일물즉부중(古人云 說似一物 則不中): 남악회양의 말.

강설

오무간 지옥업

묻기를

"오무간업(五無間業)은 무엇입니까?"

임제스님께서 대답하셨다.

"아버지를 죽이고 어머니를 해치며 부처 몸에서 피를 내고 교단의 화합을 파괴하며 경(經)과 불상(佛像)을 불사르는 등이 오무간업이다."

묻되

"아버지는 무엇입니까?"

스님께서 대답하시되

"무명(無明)이 아버지다. 너의 한 생각 마음이 일어나고 멸해 없어지는 것을 구해 잡으려고 해도 잡을 수 없어서 메아리가 허공에 울리는 것과 같아 어느 곳에든지 일이 없는 것을 아버지를 죽인다고 말한다."

묻기를

"어머니는 무엇입니까?"

스님께서 대답하시기를

"탐(貪)하여 사랑하는 것이 어머니다. 너의 한 생각 마음이 욕계(欲界)가운데에 들어가서 활동할 때에 탐하여 사랑하는 것을 구해 보아도 모든 것이 공해 실체가 없음을 깨달아서 어느 곳이든지 집착하지 않는 것을 어머니를 해치는 것이 라고 말한다."

묻기를

"부처 몸에서 피를 낸다는 것은 무엇입니까?"

스님께서 대답하시기를

"네가 청정한 법계 가운데에서 한 생각도 알음알이를 냄이 없어서 바로 어느 곳이든지 깜깜한 것을 부처 몸에서 피를 낸다고 말한다."

묻기를

"승단화합을 파괴한다는 것은 무엇입니까?"

스님께서 대답하시기를

"너의 한 생각 번뇌가 허공과 같이 의지할 곳이 없는 데에 바로 도달하는 것을 승단화합을 파괴한다고 말한다."

묻기를

"경(經)과 불상을 불사른다는 것은 무엇입니까?"

스님께서 대답하시기를

"인연이 공하고 마음이 공하고 법이 공한 이치를 보고서 한 생각을 결정해 버려서 일체를 초월하여 일이 없는 것이 바로 경(經)과 불상을 불사른다는 뜻이다.

도를 배우는 여러분, 만일 이와 같이 깨칠 수 있으면 저 범부
니 성인이니 하는 이름에 구애되는 것을 면한다. 그대의 한 생각
이 오로지 빈주먹과 달 가리키는 손가락 위에 실제로 없는 것을
있는 것 같이 알음알이를 내며 육근(六根) 육경(六境) 육식(六識)의
세계 가운데서 헛되이 망상을 피운다.

그리고 자신을 열등시(劣等視)하고 비굴(卑屈)한 마음으로 말하
기를 '나는 범부(凡夫)이고 저 사람은 성인(聖人)이다'라고 한다.
머리 깎은 어리석은 놈아, 무엇을 그렇게 황급(遑急)하게 정신(精
神)을 못 차리고 사자 가죽을 덮어 쓰고서 여우 우는 소리를 하
는 것이냐?

당당한 대장부가 장부의 기개를 갖지 못하고 자기 속에 있는
보배를 잘 받지 않고 오로지 밖을 향하여 구하며, 저 옛 사람의
쓸데없는 말에 팔려서 옳다 그르다 분별하여, 특출하게 뛰어나
서 통달하지 못한다.

경계를 만나면 바로 경계에 반연(攀緣)하고 물건(物件)을 만나면
바로 물건에 집착하여 접촉하는 곳마다 미혹(迷惑)함을 내어서 스
스로 확호부동(確乎不動)함이 없다.

도를 배우는 여러분, 내가 설한 것에 집착하지 마라. 왜냐하면
내가 설한 것은 의거할 만한 것이 없고 임시로 허공에다가 그림
을 그린 것이니 마치 채색화를 그린 그림의 비유와 같은 것이다.

도를 배우는 사람들이여. 부처를 가지고 구경(究竟)을 삼지 말
라. 내가 보는 것으로 말하면 마치 똥 단지와 같은 것이다. 보살

과 나한은 다 죄인이 목에 거는 형틀과 자물쇠다. 사람을 결박하는 물건(物件)이다. 그러므로 문수보살은 칼을 잡아 석가모니불을 죽이려 했고 앙굴마라(鴦掘摩羅)는 칼을 가지고 부처님을 해치려 하였다.

도를 배우는 사람들이여. 얻을 수 있는 부처는 없다. 그 뿐만 아니라 삼승교(三乘敎)와 오성(五性) 각별(各別)의 교(敎)와 원돈일승(圓頓一乘)의 교의까지도 다 일시의 병을 따라 고치는 약과 같은 것이고 온전히 진실한 법은 없다. 설사 무엇이 있다 하여도 모두 가짜다. 보고판(報告板)같은 것이고 문자를 질서있게 벌여놓은 것이어서 오직 그렇게 설한 것에 지나지 않는다.

도를 배우는 사람들이여, 어떤 승려들은 바로 속으로 향하여 노력하여서 출세간(出世間)의 불법(佛法)을 구하려 한다. 그러나 잘못이다. 만일 사람이 부처를 구하면 그 사람은 부처를 잃을 것이다. 만일 사람이 도를 구하면 그 사람은 도를 잃을 것이다. 만일 사람이 조사(祖師)를 구하면 그 사람은 조사를 잃을 것이다. 여러분은 잘못하지 마라.

나는 그대들이 경(經)과 논(論)을 이해하는 것을 인정하지 않는다. 나는 또한 그대들이 국왕이나 대신이라고 해도 인정하지 않는다. 나는 또한 그대들이 폭포(瀑布)를 쏟듯 웅변(雄辯)하는 것을 인정하지 않는다. 나는 또한 그대들의 총명한 지혜를 인정(認定)하지 않는다. 오직 그대들에게 진정한 견해를 요망(要望)할 뿐이다.

도를 배우는 사람들이여, 설사 백부(百部)의 경(經)과 논(論)을 잘

이해할 수 있다 하여도 한 사람의 일 없는 스님에게 미치지 못한다. 그대들이 아는 것이 있으면 바로 다른 사람을 경멸하여 승부를 다투는 아수라가 된다. 그래서 나다 너다 하는 깜깜한 마음으로 지옥에 떨어지는 악업을 더욱 짓는다.

선성비구(善星比丘)는 팔만사천법문을 이해하였지만 산 채로 지옥에 떨어져서 대지(大地)도 용납할 수 없었다. 일 없이 조작(造作)함이 없이, 쉬어버리는 것이 제일이다. 옛 사람은 '배고프면 밥 먹고 잠이 오면 잠 잔다. 어리석은 사람은 나를 비웃는다. 그러나 지혜 있는 사람은 알아준다.'고 노래했다

도를 배우는 사람들이여. 문자 가운데서 구하지 마라. 구하는 마음이 동하면 피로하게 되고 찬 기운만 마셔서 이익이 없다. 한 생각 연기(緣起)로 된 모든 법은 본래 날 것도 없는 줄 깨달아서 삼승(三乘)의 방편설(方便說)을 배우는 보살을 초월하는 것이 제일이다.

사람들이여, 우물쭈물 날을 헛되이 보내지 마라. 나도 옛날에 깨닫지 못했을 때에 깜깜하고 아득했었다. 광음(光陰)을 헛되이 보낼 수가 없어서 뱃속엔 불이 나고 마음은 바빠서 부산하게 도를 찾아 물었다. 그러한 후에 훌륭한 선지식의 법력(法力)을 입어서 비로소 오늘 여러분과 이와 같이 이야기할 수 있게 된 것이다.

도를 배우는 여러분에게 권(勸)하노라. 의식을 위해서 살지 마라. 보라, '이 세상은 쉽게 지나가 버리고 선지식은 만나기가 어렵다'는 말은 우담화(優曇華)가 삼천 년 만에 한 번 꽃피는 것과 같이 희유함을 가리킴이다. 그대들은 제방(諸方)에서 임제라는 늙은

스님이 있다는 말을 듣고 와 가지고서 바로 문답(問答)하여 내가 말문이 꽉 막히게 하려 한다.

그런데 내가 전체작용(全體作用)을 하면 도를 배우는 사람은 눈만 부질없이 뻔히 뜨고 입은 도무지 움직이지 못한다. 멍하니 어떻게 나에게 대답할 줄을 알지 못한다. 그래서 나는 저에게 말한다.

'큰 코끼리가 힘껏 밟는 것을 나귀는 할 수 없는 것이다.'

그대들은 여러 곳에서 다만 가슴을 가리키고 갈빗대를 두드리면서, '나는 선(禪)을 잘 알고 도(道)를 잘 안다'고 말하나 두 사람 세 사람이 여기에 와서는 어찌 할 줄을 모른다. 이 어리석은 놈아. 그대들은 이 훌륭한 몸과 마음을 가지고서 도처에 입을 까불어서 착한 여러 사람을 속인다.

염라대왕의 철봉(鐵棒)을 얻어맞을 날이 꼭 올 것이다. 출가한 사람이라고 말할 수 없다. 모두 아수라세계로 들어가게 된다. 구경궁극(究竟窮極)의 진리인 불도는 논쟁을 해서 위세당당하게 선전을 하고 소리를 높이 해서 외도를 꺾어 항복받을 필요가 없다.

역대 불조(佛祖)가 서로 전해 이어 내려온 것은 도무지 특별한 뜻은 없다. 설사 말과 가르침이 있지마는 이것은 삼승(三乘)이라든가 오성(五性)이라든가 인간계 천상계의 인과 세계가 교화(敎化) 의식(儀式)의 필요로 이룩한 것이다.

그런데 대승최고(大乘最高)의 원돈교(圓頓敎)는 절대로 그러한 것이 아니다. 선재동자는 53선지식에게 법을 구해 돌아다닌 것이 아니다.

그러므로 여러분은 잘못된 용심(用心)을 하지 마라. 큰 바다가 죽은 송장을 머물러 두지 않는 것과 같이 하라. 오로지 죽은 송장 같은 알음알이 말 가르침의 짐을 짊어지고 천하를 돌아다니려고 하여 스스로 진정한 견해의 장해(障害)를 만들어서 마음이 자유자재함을 잃어버린다. 태양 위에 구름이 없으면 화창한 하늘을 두루 비추고 눈에 눈병이 없으면 허공 속에 허공꽃이 없다.

도를 배우는 사람들아, 그대들이 여법함을 얻으려면 다만 의심을 내지 마라.

'펼치면 법계를 두루 휩싸고, 거두면 실터럭만한 것도 용납할 수 없다.'

역력(歷歷)히 자기 자신이 홀로 밝아서 한 번도 부족함이 없었다. 눈으로도 보지 못하고 귀로도 듣지 못한다. 무슨 물건이라고 부르겠느냐?

옛 사람이 말하기를 '한 물건이라고 말해도 맞지 않는다.'고 했다. 그대들이 다만 자기 스스로 보라. 이밖에 무엇이 있겠는가. 아무리 말해도 한정(限定)이 없다. 각자가 힘써라. 진중(珍重)하라."

착어(着語)

來擉塗毒鼓하고 收得返魂香이로다.
鑽天新鷂子가 不戀旧時窠로다.

독을 바른 북을 와서 치고
혼을 돌이키는 향을 거두도다.
하늘을 찌르는 듯 나는 매는 옛둥지를
생각하지 아니하도다.

勘辨

黃檗一轉語

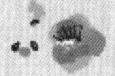

　　黃檗이 因入厨次에 問飯頭호되 作什麼오 飯頭云 揀衆僧米이니다 黃檗云 一日喫多少오 飯頭云 二石五이니다 黃檗云 莫太多麼아 飯頭云 猶恐少在이니다 黃檗이 便打하다 飯頭却擧似師어늘 師云 我爲汝하야 勘這老漢하리라 纔到侍立次에 黃檗擧前話하니 師云 飯頭不會라 請和尙代一轉語하소서 師便問호되 莫太多麼아 黃檗云 何不道來日更喫一頓고 師云 說什麼來日이닛고 卽今便喫하소서 道了하고 便掌하다 黃檗云 這風顚漢이 又來這裏하야 捋虎鬚로다 師便喝出去하다 後에 潙山이 問仰山호되 此二尊宿은 意作麼生고 仰山云 和尙은 作麼生이닛고 潙山云 養子에 方知父慈로다 仰山云 不然이니다 潙山云 子又作麼生고 仰山云 大似勾賊破家로소이다.

---

1) 감변(勘辯): 선객(禪客)이 서로 깨달음에 참과 거짓, 체험의 깊고 얕음을 감정하여 분별하기 위해서 하는 문답을 말함.
2) 반두(飯頭): 밥을 짓는 소임을 맡은 스님.

3) 유공소재(猶恐少在): 재(在)는 힘차게 단정(斷定)하는 어세(語勢)를 보이는 문말(文末)의 조사(助詞).
4) 각거사사(却舉似師): 거사(舉似)의 사(似)는 전치사나 어우(於于)와 같다. 이것을 거시(舉示)로 보는 것은 불가(不可)하다.
5) 대일전어(代一轉語): 대사(大死)한 경지에서 전회(轉廻)하여 대활현전(大活現前)하게 할 수 있는 어구를 일전어(一轉語)라고 한다. 대(代)는 타인을 대신하여 대답함이다.
6) 갱끽일돈(更喫一頓): 일돈(一頓)은 먹[食]는다, 휴식한다, 천[打]다 등의 동작의 회수를 표(表)하는 양사(量詞).
7) 위산(潙山): 담주위산(潭州潙山)에 주(住)한 영우선사(靈祐禪師 771~853). 백장회해(百丈懷海)의 법사(法嗣). 임제의 사(師)인 황벽과는 동참(同參)이다.
8) 앙산(仰山): 위산(潙山)의 법사. 원주앙산(袁州仰山)에 주한 혜적선사(慧寂禪師 807~883). 스승인 위산(潙山)과 함께 위앙종(潙仰宗)의 개조(開祖)가 되고 그 사제간의 친밀한 종풍은 고래(古來)로 위앙부자(潙仰父子)라는 말이 있을 정도이다.

황벽의 일전어

황벽스님이 부엌에 들어갔을 적에 공양주(供養主)에게 물었다.
"무엇을 하고 있느냐?"
공양주가 말하기를
"대중스님의 공양미를 가리고 있습니다."
황벽스님이 말씀하시기를
"하루에 얼마나 먹느냐?"
공양주가 말하기를
"두 섬 다섯 말을 먹습니다."
황벽스님이 말씀하시기를
"대단히 많지 않느냐?"
공양주가 말하기를
"오히려 적다고 생각합니다."
황벽스님이 바로 때렸다.
공양주는 그러한 뒤에 임제스님에게 이 일을 말했다.
스님이 말씀하셨다.

"내가 그대를 위해서 이 늙은이가 감정(鑑定)해 주겠다."

임제스님이 가서 황벽스님 옆에 모시고 서자마자 황벽스님은 앞에 있었던 이야기를 했다.

임제스님이 말하기를

"공양주는 알지 못합니다. 스님께서 대신해서 일전어(一轉語)를 말씀해 주시기 바랍니다."

임제스님이 물었다.

"대단히 많지 않습니까?"

황벽스님이 말씀하셨다.

"왜 이렇게 이르지 않는가? 내일(來日) 더 한번 먹습니다."

임제스님이 말씀드리기를

"무슨 내일을 말씀할 게 있습니까? 바로 지금 잡수시지요."

말씀을 드리고는 바로 손바닥으로 후려갈겼다.

황벽스님이 말씀하시기를

"이 미친놈이 또 여기에 와서 호랑이 수염을 만지는구나."

임제스님은 바로 할(喝)을 하고 나갔다.

이러한 뒤에 위산(潙山)이 앙산(仰山)에게 물었다.

"이 두 큰스님의 참뜻이 무엇이겠는가?"

앙산스님이 여쭙기를

"스님께서는 어떻게 생각하십니까?"

위산스님이 말씀하시기를

"자식을 길러 보고서야 바야흐로 아버지 사랑을 아는 것이다."

앙산스님이 여쭙되
"저는 그렇게 생각지 않습니다."
위산스님이 말씀하기를
"자네는 그러면 어떻게 생각하는가?"
앙산스님이 여쭙기를
"도적놈을 집에 넣어 두었다가 집을 절단 내는 거와 똑같습니다."

착어(着語)

將謂候白이러니 更有候黑이로다.

장차 후백을 일렀더니
다시 후흑이 있도다.

* 민국(閩國)에서 후백(候白)이라는 남자 도적(盜賊)이 길을 가다가 후흑(候黑)이라는 여자 도적을 만났다. 후흑은 길가의 우물을 가리키면서 우물 속에 떨어뜨린 물건을 꺼내 달라고 애원했다.
말인즉 떨어뜨린 물건은 귀걸이(珥)인데 백량의 값이 있는 보물이니 꺼내어 주면 오십량을 후백에게 준다는 것이었다.
후백은 수가 생겼다고 기뻐 옷을 벗고 우물 속으로 들어갔다. 그 사이, 후흑은 후백의 옷과 회중(懷中)의 물건까지 몽땅 가지고 도망가 버렸다 한다.

竪起拂子

師問僧호되 什麼處來오 僧이 便喝한대 師便揖坐하게하니 僧이 擬議어늘 師便打하다 師見僧來하고 便竪起拂子한대 僧야 禮拜어늘 師便打하다

又見僧來하고 亦竪起拂子한대 僧不顧어늘 師亦打하다.

---

1) 사편읍좌(師便揖坐): 사(師)가 문득 읍(揖)하고 스스로 앉은 것이라 함은 잘못이고 사(師)가 깍지 끼어 손을 상하로 동작해서 인사하여 스님을 앉으라 한 것이다.

강설

불자를 세우다

임제스님이 승려에게 물으셨다.
"어디서 왔느냐?"
승려가 바로 할을 했다.
임제스님은 즉시 승려에게 앉으라 하고 깍지를 끼고 즉시 읍㈐하여 인사를 했다.
승려가 무엇이라고 말을 하려 했다.
임제스님이 바로 쳤다.
임제스님은 승려가 오는 것을 보고 바로 불자(拂子)를 세웠다.
승려가 바로 절을 했다.
임제스님이 바로 쳤다.
또 다른 승려가 오는 것을 보고 똑같이 불자를 세웠다. 승려는 돌아보지 않았다.
임제스님이 마찬가지로 쳤다.

착어(着語)

兩刃相傷이라.
石馬는 懷胎로다.

두 칼날이 서로 상함이라.
돌말은 새끼를 배도다.

普化와 克符 禪師

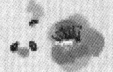

師見普化하고 乃云 我在南方하야 馳書到潙山時에 知儞先在此住하야 待我來이니라. 乃我來하야 得汝佐贊이라 我今에 欲建立黃檗宗旨하노니 汝切須爲我成禠하라 普化珍重下去하다 克符後至어늘 師亦如是道하니 符亦珍重下去하니라 三日後에 普化却上問訊云, 和尙이 前日에 道甚麼오 師拈棒便打下하다 又三日에 克符亦上하야 問訊乃問호되 和尙이 前日打普化하니 作什麼오 師亦拈棒打下하니라.

보화스님과 극부스님

임제 스님께서 보화스님을 보고 말씀하셨다.
"내 남방에 있으면서 편지를 전하려고 위산에 도착했을 때, 그대가 먼저 여기에 와서 내가 오기를 기다리고 있다는 걸 들어 알고 있었다. 그래서 내가 와서 그대의 도움을 받게 되었는데 내 이제 황벽의 종지를 세우고자 하니 그대는 나의 모자란 점들을 도와주어야 할 것이다."

보화스님은 인사를 드리고 내려갔다.

극부 스님이 뒤에 오자 스님께서는 마찬가지로 말씀하셨고 극부스님 역시 인사를 드리고 내려갔다. 사흘 후에 보화스님은 다시 올라와서 문안드리며 여쭈었다.

"임제 스님이 전날 무슨 말씀을 하셨습니까?"

스님께서는 몽둥이를 들어 바로 내리쳤다. 그런지 사흘 뒤에 극부스님 역시 올라와서 문안드리며 여쭈었다.

"스님께서는 전날 보화를 때리셨다는데 어찌된 일입니까?"

임제 스님이 역시 몽둥이를 들어 내리쳤다.

師同普化赴齋

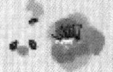

　師一日에 同普化로 赴施主家齋次에 師問毛吞巨海하고 芥納須彌라하니 爲是神通妙用가 本體如然가 普化踏倒飯牀하니 師云 太麤生이로다 普化云 這裏에 是什麼所在관대 說麤說細오 師來日에 又同普化로 赴齋에 問 今日供養이 何似昨日고 普化依前踏倒飯牀하니 師云 得卽得이나 太麤生이로다 普化云 瞎漢아 佛法에 說什麼麤細오 師乃吐舌하다.

---

1) 보화(普化): 반산보적(盤山寶積)의 법사(法嗣).
2) 시주가재(施主家齋): 신도가 스님들을 초청하여 공양하는 올리는 일.

보화스님 밥상을 엎다

　임제스님이 하루는 보화(普化)스님과 같이 신도의 집에서 재공양(齋供養)의 청(請)을 받고 갔을 적에 임제스님은 물었다.
　"한 머리털이 큰 바다를 삼켜 버리고, 한 개자(芥子)씨에 수미산을 집어넣는다"고 말하니 대체 이것은 신통묘용(神通妙用)으로 그러한 것이요. 본래의 체성(體性)이 그러한 것이요?"
　보화스님은 밥상을 밟아 넘어뜨렸다.
　임제스님이 말씀하시기를
　"대단히 거칠구나."
　보화스님이 말씀하기를
　"여기를 어디라고 생각하고 거칠다 말하며 세밀하다 말하시는 겁니까?"
　다음날 임제스님은 또 보화스님과 같이 재공양(齋供養)을 하러 갔다.
　임제스님이 물었다.
　"오늘 공양은 어제와 비교하여 어떻소?"

보화스님은 또 전날과 같이 밥상을 밟아 넘어뜨렸다.

임제스님이 말씀하셨다.

"옳기는 옳소이다만 대단히 거칠구료."

보화(普化)스님이 말씀하기를

"이 눈먼 자여, 불법(佛法)에 무슨 거칠다 세밀하다라고 말하는 겁니까?"

임제스님은 혓바닥을 토(吐)해 냈다.

착어 (着語)

冤有頭 債有主로다.
無毛鷂子貼天飛도다.

원수에는 두목이 있고 빚짐에는 주인(主人)이 있도다.
털이 없는 매가 하늘에 붙어서 날도다.

臨濟小廝兒

　　師一日에 與河陽木塔長老로 同在僧堂地爐內坐하야 因說하되 普化每日在街市하야 掣風掣顚하나니 知他是凡是聖가 言猶未了에 普化入來어늘 師便問汝 是凡是聖가 普化云 汝且道하라 我是凡是聖가 하니 師便喝하다 普化以手指云河陽은 新婦子요 木塔은 老婆禪이며 臨濟는 小廝兒어늘 却具一隻眼이로다
　　師云 這賊이라하니 普化云 賊賊이라 하고 便出去하다.

---

1) 하양목탑장로(河陽木塔長老): 이 두 장로(長老)는 전기가 불명(不明)하다.
2) 체풍체전(掣風掣顚): 풍전(風顚)을 끈다. 즉 미친 지랄한다는 뜻.
3) 지타시범시성(知他是凡是聖): 지타(知他)는 항상(恒常)의 반어(反語)로서 부지(不知)의 뜻. (是-----是)는 (---인가----인가)의 선택의 문(選擇疑問)의 구문(構文).
4) 신부자(新婦子): 주체성이 없는 새 며느리.
5) 노파선(老婆禪): 늙은 할머니가 손자를 사랑하는 것과 같이 너무 친절한 선(禪). 이 선자(禪字)는 앞의 신부자(新婦子)에도 통한다.
6) 소시아(小廝兒): 시(廝)는 비천(卑賤)의 뜻.

강설

임제 도적아

　임제스님이 하루는 하양장로(河陽長老)와 목탑장로(木搭長老)와 함께 선방 안에 땅을 파서 만든 화로에 앉아 있었다. 그때에 스님이 말하되
　"보화(普化)는 날마다 시가(市街)에서 미친 행동을 하는데 대체 범부(凡夫)인가 성인인가?" 하고 이야기했다.
　그 말이 미쳐 끝나기도 전에 보화스님이 들어왔다. 그때 임제스님이 물었다.
　그대는 범부요, 성인이요?"
　보화스님이 말했다.
　"자! 그대 말해 보오. 내가 범부요? 성인이요?"
　임제스님은 바로 할을 했다.
　보화스님은 손으로 가리키면서 말했다.
　"하양(河陽)은 새 며느리 선(禪), 목탑은 할머니 선(禪), 임제는 어린아이이지만 한쪽 눈을 갖추었구나."
　임제스님이 말하기를

"이 도적놈아!" 했다.

보화스님은

"도적(盜賊)아, 도적(盜賊)아!" 하고 바로 나갔다.

착어(着語)

是賊知賊이로다.
四人이 証龜成鼈이로다.

이 도적이 도적을 아는 것이로다.
네 사람이 거북이를 자라로 알았도다.

普化喫生菜

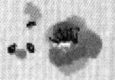

一日에 普化在僧堂前하야 喫生菜에 師見云 大似一頭驢하니 普化便作驢鳴이어늘 師云 這賊 普化云 賊賊이라하고 便出去하다.

보화스님이 생채를 먹다

 어느 날, 보화스님이 선방 앞에서 생채를 먹고 있었다. 임제스님이 보고 말했다.
 "흡사 당나귀와 똑같구나."
 보화스님은 바로 당나귀 울음소리를 냈다.
 임제(臨濟)스님이 말했다.
 "이 도적놈아!"
 보화스님이 말하기를
 "도적아, 도적아!"
 하고 바로 나갔다.

착어(着語)

是精知精이로다.
樓閣門開竟日閑하니 野老不知何處去오.

이 정령(精靈)이 정령(精靈)을 아는 것이로다.
누각의 문이 열려 종일토록 한가하니
농부는 어디로 갔는지 알지 못하도다.

普化振鈴

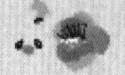

因普化常於街市에 搖鈴云 明頭來하면 明頭打하며 暗頭來하면 暗頭打하며 四方八面來하면 旋風打하며 虛空來하면 連架打로다하야늘 師令侍者去하야 纔見如是道하고 便把住云케하되 總不與麽來時에는 如何오 普化托開云 來日大悲院裏에 有齋니라 侍者回하야 擧似師한대 師云 我從來에 疑著這漢이로다.

---

1) 명두래명두타암두래암두타(明頭來明頭打暗頭來暗頭打): 명두(明頭)는 편위(偏位), 암두(暗頭)는 정위(正位), 타(打)는 탈(奪), 살(殺)의 뜻.
2) 선풍타(旋風打): 여러 가지 차별에 대하여 자유자재하게 쳐부순다는 뜻.
3) 연가타(連架打): 연가(連架)는 도리깨로 계속적으로 쳐부순다는 뜻.
4) 대비원(大悲院): 진주(鎭州)에 있는 소사원(小寺院), 후에 삼성(三聖)의 제자가 주(住)한 절.

강설

보화스님이 요령을 흔들다

　보화스님이 매양 시가에서 요령을 흔들면서,
　"밝은 것으로 오면 밝은 것으로 쳐부수고, 어두운 것으로 오면 어둔 것으로 쳐부수며 사방팔면(四方八面:여러 가지 차별경계)에서 오면 회오리바람처럼 자유자재하게 두루두루 쳐부수고, 허공(虛空: 아무 종적이 없는 경지)으로 오면 계속적으로 쳐부순다."고 말하므로
　임제스님은 시자를 보내어 보화스님이 이와 같이 말함을 보고는 바로 움켜쥐고 이렇게 말하라고 했다.
　"모두 이렇게 오지 않는 때는 어떻게 합니까?"
　보화스님은 시자를 밀쳐 놓아버리고 말했다.
　"내일 대비원(大悲院)에서 재공양(齋供養)이 있느니라."
　시자가 돌아와서 임제스님에게 보고한즉 임제스님이 말했다.
　"나는 벌써부터 이 자를 보통이 아니라고 생각했다."

착어(着語)

一等是箇擔板漢이나 普化較些子로다.
然雖如是나 只會向前이요 不覺喪身失命이로다.
宗師閔物明緇素하니 北地黃河徹底渾이로다.

한결 같이 이 판자를 멘 놈이나
보화는 조금 맞도다.
그러나 비록 이러하지만 다못 앞에 향할 줄만 알고
몸을 죽이고 목숨을 잃는 줄을 깨닫지 못하도다.
종사는 중생을 불쌍히 여기고 검고 흰 것을 분명히 하니
북지의 황하가 철저히 혼탁하도다.

莫道無事好

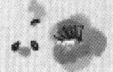

有一老宿이 參師에 未曾人事하고 便問하되 禮拜卽是이닛가 不禮拜卽是이닛가 師便喝한대 老宿이 便禮拜하다 師云 好箇草賊이로다 老宿云賊賊이라하고 便出去하다 師云 莫道無事하야사 好니라 首座 侍立次에 師云 還有過也無고 首座云 有니다 師云 賓家有過아 主家有過아 首座云 二俱有過니다 師云 過在什麽處오 首座便出去하다 師云 莫道無事하야사 好니라 後에 有僧擧似南泉어늘 南泉云 官馬相踏이로다.

---

1) 남전(南泉): 지주(池州) 남전산(南泉山)에 주(住)한 보원선사(普願禪師 748~834). 마조(馬祖)의 법사.
2) 관마상답(官馬相踏): 관마(官馬)는 모두 준마(駿馬)인데 이 뜻은 준마(駿馬)끼리 서로 밟는다는 뜻.

강설

일 없다고 말해서는 안 된다

어떤 노스님이 임제스님에게 참(參)하여 뵈었다.
첫 인사하기도 전에 바로 물었다.
"예배하는 것이 좋습니까, 예배하지 않는 것이 좋습니까?"
임제스님은 바로 할(喝)하자 노숙이 바로 예배를 했다.
임제스님이 말했다.
"훌륭한 민간(民間)의 도적이로구나."
노스님은
"도적아, 도적아!" 하고, 바로 나가버렸다.
임제스님이 말했다.
"무사(無事)했다고 말하지 않음이 좋다."
그때 수좌가 모시고 서 있었으므로 임제스님은 말했다.
"지금 서로 법담한 데에 허물이 있는가?"
수좌는 말했다.
"있습니다."
임제스님은 말했다.

"손님에게 허물이 있는가? 주인에게 허물이 있는가?"
수좌는 말했다.
"두 사람이 다 허물이 있습니다."
임제스님은 말했다.
"어디에 허물이 있는가?"
수좌는 바로 나가버렸다. 임제스님은 말했다.
"무사했다고 말하지 않는 것이 좋으니라."
　뒤에 어떤 승려가 남전(南泉)스님에게 이 일을 말했다. 남전스님이 이르시기를
"준마(駿馬)와 준마(駿馬)가 서로 밟음이로다."

착어(着語)

驢事未去에 馬事到來로다.
木馬嘶風하고 泥牛渡海로다.

나귀의 일이 가기 전에
말의 일이 이르러 옴이로다.
나무말은 바람에 울부짖고 진흙소는 바다를 건너도다.

入軍營赴齋

師因入軍營赴齋라가 門首見員僚하야 師指露柱問하되 是凡가 是 聖가 하니 員僚無語라 師打露柱云直饒道得이라도 也祇是箇木橛이 라하고 便入去하다.

---

1) 입군영부재(入軍營赴齋): 하북(河北)의 신흥무인사회(新興武人社會)에 서 선법(禪法)을 설한 임제스님은 진중(陣中)의 재공양(齋供養)을 초청 받았었다.
2) 원료(員僚): 장군막하(將軍幕下)의 군인.
3) 노주(露柱): 드러난 기둥.

강설

임제의 군영공양

　임제스님이 군인들이 있는 진중(陣中)에 재공양(齋供養)의 초청(招請)을 받고 갔을 때에 문전(門前)에서 한 군인을 만나 스님은 노주(露柱)를 가리키면서 물었다.
　"범부냐, 성인이냐?"
　군인은 말이 없었다.
　스님은 기둥을 치고 이르시되
　"가령 잘 대답했어도 다만 이 나무토막이다."
　하고, 문으로 들어갔다.

착어(着語)

你是俗人이라 如何參得禪麽아.
臨濟入草求人이나 未免通身泥水도다.

너는 이 속인이라 어찌 선(禪)을 참(參)해 얻겠느냐.
임제는 풀밭에 들어가서 사람을 찾았으나 온몸에 흙탕물을 면치 못하도다.

糶黃米

師問院主하되 什麼處來오 主云 州中糶黃米去來이니다 師云하되 糶得盡麼아 主云 糶得盡이니다 師以杖으로 面前에 劃一劃云 還糶得這箇麼아 主便喝에 師便打하다. 典座至어늘 師擧前話하니 典座云 院主不會和尙意이니다 師云 你作麼生고 典座便禮拜하니 師亦打하다.

---

1) 원주(院主): 감원(監院), 또는 감사(監寺)라고도 함. 주지는 주로 법을 맡아서 대중을 지도하고 원주는 주로 행정을 맡아서 주지를 보좌함.
2) 주중조황미거래(州中糶黃米去來): 주(州)는 여기에서는 주(州)의 수부(首府), 황미(黃米)는 쌀(米)의 일종(一種)이며 묵은 쌀(古米)이 아님.

강설

현미를 팔다

스님이 원주(院主)에게 물었다.
"어디 갔다 왔느냐?"
원주가 답했다.
"주(州)의 수부(首府)에 황미(黃米)를 팔러 갔다 왔습니다."
임제스님이 말씀하셨다.
"다 팔았느냐?"
원주가 대답했다.
"다 팔았습니다."
임제스님은 주장자(拄杖子)를 가지고 그의 앞에 한일 자를 긋고 말했다.
"이것을 팔 수가 있겠느냐?"
원주는 바로 할을 했다.
임제스님은 바로 후려갈겼다.
전좌(典座)가 왔다.
임제(臨濟)스님은 이 이야기를 했다. 전좌(典座)는 말하기를

"원주는 스님의 뜻을 모릅니다."

임제스님은 말했다.

"그대는 어떠하냐?"

전좌(典座)는 바로 절을 했다.

임제스님은 똑같이 후려갈겼다.

착어(着語)

棒頭有眼明如日이라 要識眞金火裏看이니라.

몽둥이 끝에 눈이 있으니 밝기가 해와 같은지라
진금(眞金)을 알고자 하면 불 속에서 볼지니라.

問座主

有座主하야 來相看次에 師問하되 座主여 講何經論고 主云 某甲은 荒虛하나 粗習百法論이니다 師云 有一人하야 於三乘十二分敎를 明得하고 有一人하야 於三乘十二分敎를 明不得하니 是同가 是別가 主云 明得하면 卽同이요 明不得하면 卽別이니다 樂普爲侍者하야 在師後立이라가 云 座主여 這裏是什麽所在완대 說同說別가 師回首問侍者하되 汝又作麽生고 侍者便喝하마 師送座主回來하야 遂問侍者하되 適來是汝喝老僧가 侍者云 是니이다 師便打하다.

---

1) 백법론(百法論):「대승백법명문론(大乘百法明門論)」이니 인도 세친(世親)의 저술을 현장이 한역한 유식(唯識) 서적.

2) 낙보(樂普): 낙포(洛浦) 또는 낙포(落蒲)라고도 씀. 풍주(澧州) 낙보산(樂普山)에 주(住)한 원안선사(元安禪師 834~898). 협산선회(夾山善會)의 법사(法嗣).

강설

강주에게 묻다

 강사(講師)가 와서 서로 만나 보았을 적에 임제스님이 물었다.
 "강주는 무슨 경론을 강의하는가?"
 강사가 말했다.
 "저는 거칠고 실속이 없으나 대승백법명문론(大乘百法明門論)을 대강 연구했습니다.
 임제스님이 말했다.
 "어떤 사람은 삼승십이분교(三乘十二分敎)를 밝게 통달하고 어떤 사람은 삼승십이분교를 밝게 통달하지 못했다 하자, 이 두 사람은 같은가 다른가?"
 강사(講師)가 말했다.
 "밝게 통(通)하면 같고 밝게 통(通)하지 못하면 다릅니다."
 그때에 낙보(樂普)가 시자(侍者)로 있어서 스님 뒤에 서 있다가 말했다.
 "강주여, 여기가 어디인데 같다고 말하고 다르다고 말합니까?"
 임제스님이 돌아보고 시자에게 물었다.

"너는 어떠하냐?"

시자는 바로 할을 했다. 임제스님이 강사를 전송하고 돌아와서 시자에게 물었다.

"아까 너는 나를 할(喝) 했느냐?"

시자가 말했다.

"그렇습니다."

임제스님이 바로 후려갈겼다.

착어 (着語)

東邊에 落節하고 西邊에 拔本이라.
月落三更穿市過니라.

동쪽에서 피해(被害)보고 서쪽에서 밑천을 뽑음이라.
달이 떨어진 삼경에 시장을 뚫고 지나가도다.

德山三十棒

師聞第二代德山垂示云 道得이라도 也三十棒이요 道不得이라도 也三十棒하고 師令樂普로 去하야 問道得爲什麽也三十棒고하야 待伊打汝하야 接住棒送一送하고 看他作麽生하니라 普到彼하야 如敎而問하니 德山이 便打어늘 普接住送一送하니 德山便歸方丈하다 普回擧似師하니 師云 我從來에 疑著這漢이로다 雖然如是나 汝還見德山麽아 普擬議에 師便打하다.

---

1) 제2대덕산(第二代德山): 낭주덕산고덕선원(朗州德山古德禪院)에 주(住)한 선감선사(宣鑑禪師, 780~일설은 782~865). 용담숭신(龍潭崇信)의 법사. 임제할 덕산방(德山棒)으로 선문(禪門)에서 유명(有名)하다. 제1대덕산(第一代德山)은 뒤에 담주삼각산(潭州三角山)에서 주(住)한 마조의 법사인 덕인선사(德印禪師)이다.
2) 수시(垂示): 문하의 대중에게 하는 설법으로 시중(示衆)이라고도 함.
3) 삼십방(三十棒): 30번이나 때린 방망이.
4) 여환견덕산마(汝還見德山麽): 덕산의 경지를 잘 보았느냐 하고 묻는 말이다.

덕산스님의 몽둥이 30대

임제스님이, 제 이대(第 二代) 덕산스님이 대중에게 법문하기를 "잘 말할 수 있어도 삼십방(三十棒)을 후려갈기고 잘 말하지 못해도 삼십방을 후려갈긴다."고 한다는 것을 들은 뒤,

시자 낙보(樂普)를 덕산스님에게 보내서 "잘 말할 수 있어도 어째서 삼십방(三十棒)을 후려갈깁니까?"하고 물어서 덕산스님이 때리려고 하거든 몽둥이를 받아 잡고서 한번 밀쳐버리고 덕산이 어찌 하는가를 보고 오라고 시켰다.

낙보는 거기에 가서 가르친 대로 물었다.

덕산스님이 바로 후려갈겼다. 낙보는 그 몽둥이를 받아 잡고 한번 밀쳐버렸다.

덕산스님은 바로 방장실로 가버렸다. 낙보는 돌아와서 임제스님에게 보고했다.

이때 스님은 말했다.

"나는 전부터 이 사람을 보통이 아니라고 의심했다. 그것은 그렇다고 하고 너는 덕산을 잘 보았느냐?"

낙보가 무엇이라고 말하려 하니 임제스님이 바로 후려갈겼다.

착어(着語)

德山便歸方丈하니 可謂飯裏有砒礵狼毒也라.

덕산이 문득 방장실에 돌아가니
가히 밥 속에 비상낭독(砒礵狼毒)이 있음이라 이를 만하다.

不看經不學禪

王常侍一日에 訪師하야 同師於僧堂前에 看하고 乃問這一堂僧이 還看經麽아 師云 不看經이니라 侍云 還學禪麽아 師云 不學禪이니라 侍云 經又不看禪又不學하니 畢竟作箇什麽오 師云 總敎伊成佛作祖去이니라 侍云 金屑雖貴나 落眼成瞖이니 又作麽生고 師云 將爲你是箇俗漢이로다.

---

1) 장위니시개속한(將爲你是箇俗漢): 의외(意外)로 훌륭한 사람이라는 뜻. 『송원록(松源錄)』에는 장위니시개속한(將爲你是箇俗漢)이 원래시아가리인(元來是我家裏人)으로 고쳐져 있다. 장(將)은 유(惟)의 뜻.

강설

경도 보지 않고 선도 배우지 않는다

왕상시가 어떤 날 임제스님을 방문했다. 스님을 선방 앞에서 만나 뵙고는 물었다.

"이 선방스님들은 대체 경(經)을 봅니까?"

임제스님이 말했다.

"경(經)을 보지 않느니라."

왕상시가 말했다.

"참선을 합니까?"

임제스님은 말했다.

"참선하지 않느니라."

왕상시가 말했다.

"경(經)도 안 보고 참선도 하지 않으면 필경(畢竟) 무엇을 합니까?"

임제스님이 말했다.

"모두 저 사람들을 부처로 되게 하고 조사(祖師)로 되게 하느니라."

왕상시가 말했다.

"금가루는 귀중하지만 눈에 들어가면 눈병이 된다고 하는데 이것은 어떠합니까?"

임제스님이 말했다.

"그대를 속인(俗人)이라고만 생각했더니……."

착어(着語)

李將軍有嘉聲在하니 不得封侯也是閑이로다.

이장군이 아름다운 명성이 있으니,
제후(諸侯)에 봉(封)함을 얻지 못함이 또한 이 한가롭다.

露地白牛

師問杏山하되 如何是露地白牛오 山云 吽吽, 師云 啞那아 山云 長老作麽生고 師云 這畜生.

---

1) 행산(杏山): 탁주행산(涿州杏山) 감홍선사(鑑洪禪師). 운암담성(雲岩曇晟) (780~841)선사의 법사.
2) 노지백우(露地白牛): 『법화경』 비유품(譬喩品)에 있는 이야기. 불이 난 집 안에서 놀이에 골몰하던 아이들이, 양이 끄는 수레, 사슴이 끄는 수레, 소가 끄는 수레를 주겠다고 아버지가 소리를 치자 그제서야 뛰쳐나와 길 가운데의 맨땅(露地)에 앉았고, 그때 아버지는 똑같은 백우(白牛)가 끄는 큰 수레 한 채씩을 주었다고 한다. 선가에서는 노지(露地)를 생사의 화택을 해탈한 경지, 백우(白牛)를 본구(本具)의 심우(心牛) 혹은 법화일승(法華一乘)의 구경(究竟)으로 보아 이런 선문답을 벌인 것이다.
3) 후후(吽吽): 소우는 소리.

강설

생사의 화택을 백우를 타고 벗어나다

임제스님이 행산(杏山)스님에게 물었다.
"노지백우는 무엇인고?"
행산스님이 말했다.
"음메… 음메…"
임제스님이 말하기를
"벙어리인가?"
행산스님이 말하기를
"장노(長老)는 어찌합니까?"
임제스님이 말하기를
"이 축생아!"

착어(着語)

牛頭沒 馬頭廻로다.
木人笑하고 石女歌로다.

소머리는 빠지고, 말머리는 돌아옴이로다.
나무사람은 웃고 돌여자는 노래부르도다.

棒과 喝

　師問樂普云 從上來에 一人은 行棒하고 一人은 行喝하니 阿那箇親고 普云 總不親이니다 師云 親處作麼生고 하니 普便喝이어늘 師乃打하다.

---

1) 종상래(從上來): 옛 부터 지금까지. 종래(從來)와 같음.
2) 아나개친(阿那箇親): 아(阿)는 의미가 없는 접두사.

몽둥이와 할

임제스님이 낙보스님에게 물어 말씀하셨다.
"옛적부터 한 사람은 몽둥이로 때리고, 한 사람은 할을 했다. 어느 쪽이 친(親)하느냐?"
낙보스님이 말했다.
"모두 친(親)하지 않습니다."
임제스님이 말씀하셨다.
"그러면 친(親)한 것은 어떠한 것이냐?"
낙보스님은 바로 할(喝)했다. 임제스님은 그때에 후려갈겼다.

착어(着語)

虎頭虎尾一時收로다.

호랑이 머리와 호랑이 꼬리를 일시에 거둠이로다.

渾崙山 擘不開

師見僧來하고 展開兩手어늘 僧이 無語라 師云 會麼아 云 不會이니다 師云 渾崙擘不開하니 與汝兩文錢이로다.

---

1) 혼륜산벽불개(渾崙山擘不開): 혼륜산(渾崙山)은 찢어 버릴 수가 없다. 어찌할 수 없는 멍청아 하고 꾸짖는 말.
2) 벽불개(擘不開): 벽개불득(擘開不得)의 뜻.

강설

손을 펼쳐 보이다

 임제스님은 승려가 오는 것을 보고 두 손을 쩍 벌렸다. 승려는 말없이 잠자코 있었다. 임제스님이 말했다.
 "알겠느냐?"
 승려가 대답하기를
 "모르겠습니다."
 임제스님이 말했다.
 "도무지 어찌할 수 없는 이 멍청한 놈아. 너에게 돈 두 푼을 주마."

🍃 착어(着語)

一不造하니 二不休로다.

하나에 짓지 아니하니
둘에 쉬지 않음이로다.

大覺到參

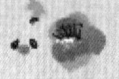

　大覺이 到參에 師擧起拂子한대 大覺이 敷坐具어늘 師擲下拂子한
대 大覺이 收坐具하고 入僧堂이라 衆僧이 云 這僧은 莫是和尙親故
아 不禮拜거늘 又不喫棒이로다 師聞令喚覺한대 覺이 出이어늘 師云
大衆道호되 汝未參長老라하니 覺云 不審커이다 하고 便自歸衆하다

---

1) 대각도참(大覺到參): 대각은 송판(宋版) 『전등록』에는 황벽의 법사로 되어 있으니 임제와는 동문형제간(同門兄弟間)이며 친구이다. 그러나 원판(元版) 이후의 『전등록』과 명판(明版)의 『광등록(光燈錄)』에는 본록(本錄)에 의하여 임제의 제자로 되어 있다. 도(到)는 임제원(臨濟院)에 도착(到着)했다는 말. 참(參)은 윗 어른을 뵈임을 말함이요, 반드시 스승을 모시고 참선(參禪)하는 뜻은 아니다. 선배 혹은 동배(同輩)와 문책상량(問策商量)하는 경우도 있다.
2) 좌구(坐具): 예배(禮拜)할 때에 펴 깔고 그 위에 절하는 물건(物件).
3) 친고(親故): 친구.

강설

대각스님의 참례

　대각스님이 와서 임제스님을 뵈었다. 임제스님은 불자(拂子)를 들어 세웠다.
　대각스님은 예배할 양으로 좌구(坐具)를 폈다. 임제스님은 불자(拂子)를 던져 버렸다. 대각스님은 좌구(坐具)를 거두어 갖고 선방으로 들어갔다.
　대중스님들은 이것을 보고 말했다.
　"이 스님은 조실스님과 친구가 아닌가? 예배도 하지 않았는데 또 몽둥이도 얻어맞지 않는구나."
　임제스님은 이 말을 듣고 대각스님을 불러오게 했다. 대각이 나오니까 임제스님이 말했다.
　"대중이 말하기를 그대는 장로를 뵙는 예를 하지 않는다고 한다."
　대각스님이 말하기를
　"살피지 못했습니다."
　하고, 바로 대중 가운데로 자기 스스로 돌아갔다.

착어(着語)

鏡對像而無私하고 珠在盤而自轉이로다.

거울이 형상을 대하여 사사로움이 없고
구슬이 소반에 있어서 스스로 구르는도다.

趙州와 問答

趙州行脚時參師하니 遇師洗脚次에 州便問 如何是祖師西來意이닛고 師云 恰値老僧洗脚이로다 州近前作聽勢어늘 師云 更要第二杓惡水潑在하노이다 州便下去하다.

---

1) 조주((趙州): 조주(趙州) 관음원(觀音院)의 종심선사(從諗禪師, 778~897). 남전보원(南泉普願)의 법사.

조주와 문답

　조주스님이 행각(行脚)할 시기에 임제스님을 만나 보았다. 임제스님이 마침 발을 씻을 때였다. 조주스님은 바로 물었다.
　"달마조사가 서쪽 인도에서 온 뜻은 무엇이요?"
　임제스님이 말했다.
　"마침 내가 발을 씻는 중이외다."
　조주스님이 가까이 다가가서 귀를 기울이고 듣는 척 하는 자세를 취했다.
　임제스님은 말했다.
　"또 두 번째 더러운 물을 뿌리려고 합니다."
　조주(趙州)스님은 바로 내려가 버렸다.

착어(着語)

鴛鴦繡了從君看이나 莫把金針度與人하라.
天上天下沒 蹤跡하고 脫殼烏龜飛上天이로다.

원앙새를 수놓아 마치고 그대에 보게는 하지만
금바늘을 잡아서 사람에게 내주지 마라.
하늘 위나 하늘 아래나 자취가 없고
껍데기 벗은 거북이는 날아서 하늘로 올라간다.

定上座의 大悟

有定上座到參하야 問하되 如何是佛法大意닛고 師下繩床하야 擒住與一掌하고 便托開하니 定佇立이어늘 傍僧이 云 定上座여 何不禮拜오 定方禮拜라가 忽然大悟하다.

---

1) 정상좌(定上座): 전기불명, 임제의 법사.
2) 승상(繩床): 노끈(繩)으로 만든 교의(交椅). 선상(禪床)과 동일.

정상좌의 큰 깨달음

정상좌(定上座)가 와서 참(參)하여 물었다.
"불법의 큰 뜻은 무엇입니까?"
임제스님은 승상(繩床)에서 내려와서 멱살을 움켜쥐고서 손바닥으로 후려갈기고 바로 밀쳐버리는 것이었다.
정상좌는 멍하여 우두커니 서 있었다. 이때 곁의 승려가 말했다.
"정상좌, 왜 예배를 하지 않는가?"
이 말을 듣고 정상좌는 막 예배를 하자마자 갑자기 크게 깨쳤다.

착어(着語)

千兵은 易得이나 一將은 難求로다.
然雖如是나 未免俱瞎이니라.

천 명의 군사는 얻기 쉽지만
한 명의 장수(將帥)는 구하기 어렵도다.
비록 그러하지만 함께 눈 먼 것을 면치 못하리라.

觀音의 正面

　麻谷이 到參하야 敷坐具하고 問하되 十二面觀音에 阿那面이 正이 닛고 한대
　師下繩牀하야 一手로 收坐具하고 一手로 搯麻谷云하되 十二面觀音이 向什麼處去也오 麻谷이 轉身하야 擬坐繩牀하거늘 師拈拄杖打한대 麻谷이 接却하야 相捉入方丈하다.

강설

관음의 얼굴

마곡스님이 임제스님에게 와서 만나 뵙고 좌구(坐具)를 펴 깔고 물었다.

"십이면관음(十二面觀音)은 어떤 얼굴이 바른 얼굴입니까?"

임제스님은 선상(禪床)에 앉았다가 내려와서 한손으로 좌구(坐具)를 거두어 들고 한손으로는 마곡스님을 잡고서 물었다.

"십이면관음(十二面觀音)은 어디로 갔는고?"

마곡스님이 몸을 돌려서 승상(繩床)에 앉으려고 했다. 임제스님은 주장자를 잡고 후려갈겼다. 마곡스님은 받아 가지고 서로 붙잡고서 방장실로 들어갔다

착어(着語)

獅子奮迅兮여 搖乾蕩坤이요 象王廻廻兮여 不資餘力이로다.
大用縱橫掣電機하니 爍伽羅眼尙膠䴰도다.

사자가 용맹스럽게 떨쳐 일어남이여
하늘을 흔들고 땅을 흔듦이요,
큰 코끼리가 자유스럽게 돎이여
다른 힘을 쓰지 않도다.
대용을 종횡으로 번개같이 번득이니
삭가라안이 오히려 어리둥절하도다.

臨濟四喝

師問僧하되 有時一喝은 如金剛王寶劍이요 有時一喝은 如踞地金毛獅子요 有時一喝은 如探竿影草요 有時一喝은 不作一喝用이니라 汝作麼生會오 僧이 擬議어늘 師便喝하다.

---

1) 탐간영초(探竿影草): 사다새의 갓을 엮어서 물속에 넣고 고기가 한곳에 모인 뒤에 그물로 잡는 것을 탐간(探竿)이라 하고, 풀을 물에 띄우면 고기가 그 그림자에 모여드는 것을 영초(影草)라 한다. 선종에서 종사(宗師)가 학인을 다루는 기략(機略)에서 비유한 말. 여기서는 상대를 염탐해서 참인가 거짓인가를 시험하는 뜻.
2) 금모사자(金毛獅子): 금색의 누런 사자, 노성(老成)한 사자.
3) 한신임조저(韓臣臨朝底): 몸이 사지(死地)에 나간다는 뜻.
4) 도잠(陶潛): 동진(東晋)의 자연시인(自然詩人) 심양(尋陽)사람으로 자(字)는 연명(淵明).
5) 반악(潘岳): 진대(晋代)의 문인으로 자(字)는 안인(安仁).
6) 팽택(彭澤), 하양(河陽): 지명(地名).

강설

임제의 사할

임제스님이 승려에게 물으셨다.

"어떤 때의 일할(一喝)은 금강왕보검(金剛王寶劍)과 같고, 어떤 때의 일할은 대지에 웅크리고 걸터앉은 금모(金毛)의 사자(獅子)와 같고, 어떤 때의 일할은 어부가 염탐하는 장대와 그림자 풀과 같고, 어떤 때의 일할은 일할의 작용을 하지 않나니, 너는 어떻게 아느냐?"

승려가 무엇이라 말하려 하니 임제스님이 바로 할을 했다.

착어(着語)

如何是金剛王寶劍고 韓臣臨朝底니라.
如何是踞地金毛오 鏌鎁在手에 殺活臨時라.
如何是探竿影草인고 妙策奇謀天莫測이로다.
如何是不作一喝用고 陶潛彭澤唯栽柳하고 潘嶽河陽祇種花하니 何以晚來江山望하니 數峯蒼翠屬漁家오.
還會麼木人把板雲中拍하고 石女含笙井底吹로다.

어떤 것이 이 금강왕보검인고, 한신이 조정에 임함이니라.
어떤 것이 땅에 웅크려 걸터앉은 금모사자(金毛獅子)인고 막야칼이 손에 있으니 죽이고 살림을 때에 따라한다.
어떤 것이 염탐하는 장대와 그림자풀인고
미묘한 책략과 기이한 권모는 하느님의 마음으로도 측량치 못함이로다.
어떤 것이 일할(一喝)을 짓지 않음인고?
도잠(陶潛)은 팽택(彭澤)에서 오직 버드나무를 심고
반악(潘岳)은 하양(河陽)에서 다만 꽃나무를 심으니
석양에 수봉(數峰)이 고기잡이의 집에 어슴푸레하게 둘러있는 것을 강상(江上)에서 바라보는 것과 비교하여 어떠한고. 도리어 아느냐.
나무사람은 판자를 가지고 구름 속에서 장단을 치고
돌여자는 우물 속에서 피리를 불도다.

善來아 惡來아

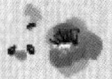

　師問一尼하되 善來아 惡來아 尼便喝커늘 師拈棒云 更道更道하
라 尼又喝한대 師便打하다.

---

1) 선래악래(善來惡來): 부처님은 처음 오는 사람에게 '잘왔다, 비구여'라고
   말하고 제자로 삼았다 한다.(『증일아함경(增一阿含經) 권 15』). 악래(惡
   來)는 선래(善來)에 대하여 그저 말투로 어조에 맞추어서 한 말이다.

잘 왔느냐 잘못 왔느냐

임제스님이 어떤 비구니에게 물으셨다.
"잘 왔는가 잘못 왔는가?"
한즉 비구니는 바로 할(喝)했다.
임제스님은 주장자(拄杖子)를 잡고서 말씀하셨다.
"다시 말해라, 다시 말해라."
비구니가 또한 할을 하니, 임제스님은 바로 후려갈겼다.

착어(着語)

只知其一이오 不知其二로다.
泥牛入海하고 露柱懷胎로다.

다만 그 하나만 알고
그 둘은 모르도다.
진흙소는 바다로 들어가고 드러난 기둥은 새끼배도다.

龍牙問西來意

龍牙問하되 如何是祖師西來意이닛고 師云하되 與我過禪版來하
라 牙便過禪版與師어늘 師接得便打하니 牙云호되 打卽任打어니와
要且無祖師意로다

牙後到翠微하야 問하되 如何是祖師西來意이닛고 微云하되 與我
過蒲團來하라

牙便過蒲團與翠微어늘 翠微接得便打하니 牙云하되 打卽任打어
니와 要且無祖師意로다 牙住院後에 有僧하야 入室請益云하되 和
尙行脚時에 參二尊宿因緣에 還肯他也無아 牙云肯卽深肯이나 要
且無祖師意니라.

---

1) 용아(龍牙): 호남용아산묘제선원(湖南龍牙山妙濟禪院)에 주(住)한 거둔
   선사(居遁禪師 835~923). 동산양개(洞山良价)의 법사.
2) 선판(禪板): 좌선하다가 피로했을 때에 몸을 의지하여 쉬는 도구.
3) 취미(翠微): 장안종남산(長安終南山)에 주(住)한 무학선사(無學禪師), 단

하(丹霞) 천연(天然)의 법사.
4) 입실청익(入室請益):입실은 단독(單獨)으로 사(師)의 실(室)에 들어감. 독참(獨參)이라고도 하는데 문답상량(問答商量)하여 개인지도를 받는 것. 청익(請益)은 가르침을 내려달라 청하는 뜻.
5) 인연(因緣): 이야기의 뜻. 선가(禪家)의 이야기는 다 고인(古人)의 개오사실(開悟事實)에 관계(關係)되는 것으로서 그것은 제자의 내인(內因)과 사(師)의 외연(外緣)이 계합(契合)함에 의함으로 이것을 인연이라고 말함.

강설

용아스님이 서래의를 묻다

용아(龍牙)스님이 물었다.
"달마조사가 서쪽 인도에서 오신 뜻은 무엇입니까?"
임제스님이 말했다.
"나를 위하여 선판(禪板)을 가져다주게."
용아스님이 바로 선판을 가져다가 스님에게 드렸다.
임제스님은 받아 갖자마자 이내 후려쳤다.
용아스님이 말했다.
"때리는 것은 마음대로 때리십시오. 그러나 결국 조사(祖師)의 뜻은 없습니다."
이후에 용아스님은 취미(翠微)스님한테 가서 물었다.
"달마조사가 서쪽 인도에서 오신 뜻은 무엇입니까?"
취미스님은 말했다.
"나를 위하여 포단(蒲團)을 갖다 주게."
용아스님이 바로 포단(蒲團)을 갖다가 취미스님에게 드렸다.
취미스님은 받고서 이내 후려쳤다.

용아스님이 이르되

"때리는 것은 마음대로 때리시지만 그러나 결국 조사(祖師)의 뜻은 없습니다."

용아스님이 선원의 조실(祖室)이 된 뒤에 어떤 승려가 입실하여 가르침을 청하여 말했다.

"스님께서 예전에 행각(行脚)하셨을 적에 두 존숙(尊宿)에게 참하신 인연에 대하여 두 스님을 긍정하십니까?"

용아스님은 이르되

"긍정하기는 깊이 긍정하나, 결국 조사의 뜻은 없느니라."

🍃착어(着語)

大海波濤淺이요 小人方寸深이라.
海枯終見底어니와 人死不知心이로다.
只管村歌社飮이 那知舜德堯仁이리요.

큰바다의 파도는 얕고, 소인의 마음은 깊도다.
바다는 마르면 마침내 밑바닥을 보지만 사람은 죽어도 그 마음을 모르겠도다.
오직 농촌에서는 농가를 부르고 농주를 마셔 즐길 뿐 어찌 요순의 인덕을 알리요.

徑山五百衆

徑山에 有五百衆하야 少人參請이라 黃檗이 令師到徑山하고 乃謂師曰 汝到彼하면 作麼生 師云 某甲이 到彼하면 自有方便이니이다 師到徑山에 裝腰上法堂하야 見徑山이어늘 徑山方擧頭하야 師便喝한대 徑山擬開口어늘 師拂袖便行하다 尋有僧問徑山호대 這僧適來에 有什麼言句완대 便喝和尙이닛고 徑山云這僧이 從黃檗會裡來니 你要知麼아 且問取他하라 徑山五百衆이 太半分散하니라.

---

1) 경산(徑山): 절강성항주부(浙江省杭州府)에 있는 선원. 송대(宋代)에는 능인흥성만수사(能仁興聖萬壽寺)라고 칭함. 오산(五山)의 일(一)이다. 대혜(大慧), 허당(虛堂), 불감(佛鑑)이 주지로 있어서 유명하다.
2) 참청(參請): 참선입실(參禪入室) 조참모청(朝參暮請)의 약자.
3) 황벽령사운운(黃檗令師云云):『연등회요(聯燈會要) 권9』임제장(臨濟章)에는 경산(徑山)에 오백락(五百樂)이 있어서 사람의 참청(參請)함이라 적혀 있다. 매월 불전전(佛殿前)에 대수(大樹)를 두르고 행도(行道)하여 관음을 념(念)하고 접인(接人)했다. 경산(徑山)과 황벽은 동참(同參)이

다. 서(書)를 부쳐 와서 갖추어 기사(其事)를 말하니 황벽이 스님으로 하여금 게(偈)를 했다. 운운(云云)」
4) 법당(法堂): 주지가 설법하는 선사중심(禪師中心)의 건물. 선원에서는 본래불전(本來佛殿)을 필요하지 않고 주지가 불조(佛祖)를 대신하여 설법하는 법당을 중심으로 함.
5) 회리(會裡): 문하(門下), 또는 회하(會下).

강설

경산의 오백 스님

　경산(徑山)에는 운수납자 오백대중이 있었으나 조실(祖室)스님에게 법을 묻는 사람이 거의 없었다.
　황벽스님이 임제스님을 보고 경산(徑山)에 가라고 명령하고 이어 임제스님에게 말했다.
　"네가 경산에 가면 어떻게 하겠느냐?"
　임제스님이 말했다.
　"제가 거기에 가면 저절로 방편이 있겠지요."
　임제스님이 경산에 도착했다. 허리에 행장(行裝)한 채로 법당에 들어가서 경산의 조실(祖室)스님을 뵈었다.
　경산스님이 마악 머리를 들 때에 임제스님이 바로 할(喝)을 했다.
　경산스님이 입을 열어서 무엇이라고 말하려 하니 임제스님은 바로 소매를 뿌리치고 가버렸다.
　그때 어떤 승려가 경산스님에게 물었다.
　"저 스님은 아까 조실스님이 무슨 말씀을 하셨기에 스님에게 할을 했습니까?"

경산스님이 말씀하셨다.

"그 스님은 황벽스님 회하에서 왔다. 너희들이 알고 싶거든 네 자신이 그 스님에게 물어라."

그리하고서 경산에 있는 오백대중이 태반이나 분산해 버렸다.

🍃 착어(着語)

卒客無卒主니 宜假不宜眞이로다.

갑작스러운 객에는 갑작스럽게 행동할 수 있는 주인이 없다. 거짓에 마땅하고 참에 마땅하지 못하도다.

普化全身脫去

　　普化一日於街市中에 就人乞直裰한대 人皆與之어늘 普化俱不要라 하다 師令院主買棺 一具하야 普化歸來에 師云 我與汝로 做得箇直裰了也로다 普化便自擔去하야 繞街市叫云호되 臨濟與我로 做直裰了也라 我往東門하야 遷化去라하니 市人이 競隨看之라 普化云 我今日未하고 來日에 往南門하야 遷化去로라 如是三日에 人皆不信이라 至第四日하야는 無人隨看이라 獨出城外하야 自入棺內하야 倩路行人釘之하게 하니 卽時傳布에 市人이 競往開棺하니 乃見全身脫去하고 祇聞空中에 鈴響이 隱隱而去러라.

---

1) 직철(直裰): 상의와 하의를 하나로 꿰매 기운 옷. 장삼.
2) 천화(遷化): 스님의 열반함을 말함. 교화(敎化)를 타세(他世)로 옮긴다는 뜻.
3) 은은(隱隱): 눈에는 보이지 않으나 분명히 느끼는 것.

강설

보화스님의 몸이 사라지다

　보화스님은 어떤 날 시가(市街) 중에서 사람들에게 장삼을 보시해 달라고 말했다. 사람들은 모두 장삼을 주었지만 보화스님은 그 때마다 이것을 요구한 것이 아니라 하고 받지 않았다.
　임제스님은 원주(院主)를 시켜서 관 한 개를 사오라 했다.
　보화스님이 절에 돌아 왔을 때에 임제스님이 말했다.
　"나는 그대를 위하여 장삼을 만들어 놓았소."
　보화스님은 바로 자기가 짊어지고 가서 시가(市街)를 돌아다니면서 외치기를
　"임제스님은 나를 위하여 장삼을 만들어 주었다. 나는 동문(東門)으로 가서 세상을 떠나련다."
　시민들은 서로 다투어 따라가서 보화스님이 죽는 것을 보려고 했다. 그러나 보화스님은 말했다.
　"나는 오늘은 세상을 떠나지 않고 내일 남문(南門)에 가서 세상을 떠나겠다."
　이렇게 사흘을 계속하니 사람들이 믿으려고 하지 않았다. 나

흘째 되는 날에 이르러서는 누구도 따라서 보는 사람이 없었다.

보화스님은 혼자 성 밖에 나가서 자기 스스로 관 속으로 들어가서는 길 가는 사람에게 부탁하여 관 뚜껑에 못을 치게 하였다.

이 말이 바로 시중(市中)에 퍼졌다. 사람들은 서로 앞을 다투어 가서 관을 열어보니 보화스님의 몸은 이미 관 속에서 빠져나가고 없었다.

다만 공중에서 요령소리를 은은히 울리면서 멀리 가버리는 것만이 들릴 뿐이었다.

착어(着語)

丈夫自有衝天志하니 不向如來行處行이어다.
白雲盡處是靑山이라 行人便在靑山外로다.

장부가 스스로 하늘을 찌를 뜻이 있으니
여래의 행한 곳을 향하여 행하지 말지어다.
흰구름 다한 곳이 푸른 산이라
행인이 다시 푸른 산밖에 있도다.

行錄

臨濟大悟

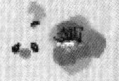

師初在黃檗會下하야 行業純一이라 首座乃歎曰 雖是後生이나 與衆有異로다 하고 遂問하되 上座여 在此多少時오 師云 三年이니다 首座云 曾參問也無아 師云 不曾參問하니 不知問箇什麼이니다 首座云 汝何不去問堂頭和尙하되 如何是佛法的的大意오 하니 師便去問하야늘 聲未絕에 黃檗이 便打하니 師下來하다 首座云 問話作麼生고 師云 某甲이 問聲未絕에 和尙이 便打라 某甲은 不會니다 하니 首座云 但更去問하라하거늘 師又去問한대 黃檗이 又打하다 如是 三度發問에 三度被打코 師來白首座云 幸蒙慈悲하야 令某甲으로 問訊和尙하야 三度發問에 三度被打나 自恨障緣으로 不領深旨하야 今且辭去하리이다 하니 首座云 汝若去時엔 須辭和尙去하라 師禮拜退에 首座先到和尙處云하되 問話底後生은 甚是如法이니 若來辭時에 方便接他하소서 向後穿鑿成一株大樹하면 與天下人으로 作廕凉去在리이다 師去辭하니 黃檗云 不得往別處去하고 汝向高安灘頭大愚處去하라 必爲汝說하리라. 師到大愚에 大愚問 什麼處來오 師云 黃檗處來니이다 大愚云 黃檗有何言句오 師云 某甲이 三

行錄 | 311

度問佛法的的大意에 三度被打하니 不知케라 某甲이 有過無過이닛가 大愚云 黃檗이 與麼老婆爲汝得徹困이어늘 更來這裏하야 問有過無過아 師於言下에 大悟云 元來黃檗佛法이 無多子로다 大愚搊住云 這尿牀鬼子야 適來道有過無過러니 如今却道호되 黃檗佛法이 無多子라 하니 你見箇什麼道理오 速道速道하라 師於大愚脅下 築三拳하니 大愚托開云 汝師黃檗이라 非干我事니라 師辭大愚하고 却回黃檗하니 黃檗見來코 便問호되 這漢來來去去하야 有什麼了期오 師云 祗爲老婆心切일새이니다 便人事了하고 侍立에 黃檗問하되 什麼處去來오 師云 昨奉慈旨하야 令參大愚去來이니다 黃檗云 大愚有何言句런고 師遂擧前話하니 黃檗云 作麼生得這漢來하야 待痛與一頓고 師云 說什麼待來이닛가 卽今便喫하소서 隨後便掌하니 黃檗云 這風顚漢이 却來這裏하야 捋虎鬚로다 師便喝이어늘 黃檗云 侍者야 引這風顚漢하야 參堂去케 하라 後에 潙山擧此話하야 問仰山하되 臨濟當時에 得大愚力가 得黃檗力가 하니 仰山云 非但騎虎頭라 亦解把虎尾로소이다.

---

1) 행록(行錄): 행장 또는 실록이라고도 함. 일대의 언행록(言行錄).
2) 행업순일(行業純一): 행(行)과 업(業)은 다 행위(行爲)의 뜻. 그 수행(修行)의 태도가 순수하고 전일(專一)하다는 말.
3) 수좌(首座):『연등회요(聯燈會要) 권8』에 의하면 이 수좌는 뒤에 운문(雲門)스님을 대오하게 한 진존숙목주도종(陳尊宿睦州道蹤, 780~877)스님이다.

4) 당두화상(堂頭和尙): 선사(禪寺)의 주지, 선방의 조실(祖室). 여기에서는 황벽스님을 말함.
5) 자한장록(自恨障錄): 자기가 과거에 지은 악업이 현재의 수행 성취를 방해함을 한(恨)한다는 말.
6) 천착(穿鑿): 구멍을 뚫은 뜻이나 여기에서는 스스로 단련해서 성장원숙(成長圓熟)해진다는 뜻.
7) 대우(大愚): 홍주의 서부(瑞府)에 있는 고안(高安)의 탄두(灘頭, 격류의 여울이 있는 곳)에 주(住)한 대우화상(大愚和尙), 귀종지상(歸宗智常)의 법사.
8) 위여득철인(爲汝得徹困): 너를 위하여 피곤해 지쳤다는 뜻.
9) 무다자(無多子): 여러 가지가 없다는 뜻.
10) 요상귀자(尿牀鬼子): 오줌 싸는 새끼, 귀자(鬼子)는 어린 아이를 욕해서 나쁘게 하는 말.
11) 작마생득저한래(作麽生得這漢來): 득(得)은 붙잡다는 뜻. 래(來)는 동사로써 득(得)에 붙는 접미사.
12) 대통여일돈(待痛與一頓): 대(待)는 미래에 원망을 나투는 조동사로 욕(欲)이나 요(要)와 동의(同義).
13) 수후편장(隨後便掌): 수후(隨後)는 시간적으로 '바로'라는 뜻. 편장(便掌)은 곧 손바닥으로 쳤다.
14) 득대우력운운(得大愚力云云): 득력(得力)은 당대(唐代)에서는 혜택을 입었다는 뜻으로 썼음.

강설

임제스님의 깨달음

　임제스님이 처음에 황벽스님 회하에서 수행할 적에 그 행(行)이 순수하고 전일(專一)하였다. 이것을 보고 수좌인 목주(睦州)스님은 감탄하여
　"임제는 젊은 후배지만 다른 대중과는 다르다."고 말했다.
　그리고 물었다.
　"그대는 여기에 와 있은지 얼마나 되는가?"
　임제스님이 말했다.
　"3년이 됩니다."
　수좌가 말했다.
　"지금까지 조실(祖室)스님에게 법을 물은 적이 있는가?"
　임제스님이 말했다.
　"아직 묻지 않았습니다. 무엇을 물어야 할지도 모릅니다."
　수좌가 말했다.
　"그대는 어찌 조실(祖室)스님에게 가서 '불법(佛法)의 적실(的實)하고 적실한 큰 뜻은 무엇입니까?'하고 바로 묻지 않는가?"

임제스님은 바로 가서 물었다.

그 묻는 소리가 채 끝나기 전에 황벽스님이 바로 후려갈겼다.

임제스님이 내려왔다.

수좌가 물었다.

"문답은 어떻게 되었는가?"

임제스님은 말했다.

"제가 묻는 소리가 채 끝나기도 전에 조실(祖室)스님은 바로 후려갈겼습니다. 저는 뭐가 뭔지 통 모르겠습니다."

수좌가 말했다.

"어쨌든 다시 가서 물어보라."

임제스님이 또 가서 물어도 황벽스님은 또 후려갈겼다. 이와 같이 세 번 묻고 세 번 얻어맞았다.

임제스님은 수좌에게 말했다.

"다행히 스님의 자비하신 지도를 받아서 조실스님에게 법을 물었으나 세 번 묻고 세 번 얻어맞았습니다. 그러나 제 업장(業障)의 악연으로 깊은 뜻을 알지 못하는 것이 한스럽기만 합니다. 하는 수 없이 이제는 작별하고 떠나가야겠습니다."

수좌가 말했다.

"그대가 만일 정히 가려거든 반드시 조실스님에게 하직 인사나 하고 가도록 하게나."

임제스님이 예배를 하고 물러갔다. 수좌는 먼저 황벽스님에게 가서 말했다.

"이번에 법을 물은 젊은 후배는 대단히 여법진실(如法眞實)하오니 만일 와서 하직 인사할 때에는 잘 지도해 주시기 바랍니다. 장차 제 스스로 단련하면 한 그루의 큰 나무가 되어서 천하 사람을 위하여 서늘한 그늘을 이룰 인물일 것입니다."

임제스님이 가서 하직 인사를 한즉 황벽스님은 말했다.

"다른 곳으로 가서는 안 된다. 너는 고안탄두(高安灘頭)의 대우(大愚)스님에게로 가거라. 반드시 너를 위하여 설해 줄 것이다."

임제스님이 대우스님에게로 갔다.

대우스님이 물었다.

"어디서 왔는가?"

임제스님이 말했다.

"황벽스님 회하에서 왔습니다."

대우스님이 말했다.

"황벽스님은 무슨 말이 있었는가?"

임제스님이 대답했다.

제가 세 번 불법(佛法)의 적실(的實)하고 적실한 큰 뜻을 물었다가 세 번 얻어 맞았사오니 저에게 잘못이 있습니까? 없습니까?"

대우스님이 말했다.

"황벽스님이 이렇게 노파심이 간절하여서 피곤해 지쳐 버리도록 너를 위해 수고해 주신 것이다. 그런데 여기까지 와서 자기가 잘못이 있습니까? 없습니까? 하고 묻는단 말이냐?"

임제스님은 이러한 말에 크게 깨닫고 혼잣말처럼 이렇게 말했다.

"원래 황벽의 불법은 여러 가지가 없구나."

이 말을 들은 대우스님은 임제스님의 멱살을 움켜쥐고 말했다.

"이 오줌싸개 새끼야, 방금 잘못이 있습니까? 없습니까? 하고 말하더니 이제는 '황벽불법(黃檗佛法)이 많은 것이 없다.'고 큰소리하니 도대체 너는 무슨 도리(道理)를 보았느냐? 빨리 말해라, 빨리 말해."

임제스님은 대우스님의 옆구리를 주먹으로 세 번 쥐어박았다. 대우스님은 그를 밀쳐버리고 말했다.

"너는 황벽스님을 스승으로 하라. 내게는 관계가 없다."

임제스님은 곧 대우스님을 하직하고 황벽스님에게 돌아왔다.

황벽스님은 임제스님이 도로 오는 것을 보고 바로 물었다.

"이놈아 늘 왔다 갔다만 하면 어느 때에 깨닫겠느냐?"

임제스님이 말했다.

"다만 조실스님이 노파심절(老婆心切)하기 때문입니다."

그리고 바로 돌아와 인사를 드리고 나서 그 자리에 시립(侍立)해 섰다. 황벽스님이 물었다

"어디에 갔다 왔느냐?"

임제스님은 대답하기를

"저번에 자비하신 지도를 받잡고 대우스님을 뵙고 왔습니다."

황벽스님이 말했다.

"대우스님은 무엇이라고 말씀하더냐?"

임제스님은 거기에서 지난 이야기를 모두 아뢰었다. 황벽스님

은 말했다.

"어떻게든지 대우를 붙잡아서 단단히 한번 몽둥이를 먹이지 않으면 안 되겠군."

임제스님이 말했다.

"무슨 하지 않으면 안 된다고 말씀하십니까? 지금 바로 먹이십시오."

이어 바로 손바닥으로 갈겼다.

황벽스님이 말했다.

"이 미친놈이 여기에 돌아와서는 호랑이 수염을 만지는구나."

임제스님은 바로 할을 했다.

황벽스님이 말했다.

"시자(侍者)야, 이 미친놈을 선방(禪房)으로 데리고 가거라."

뒤에 위산(潙山)스님은 이 이야기를 끄집어내어 앙산(仰山)스님에게 물었다.

"임제스님은 당시에 대우스님의 은혜를 입었느냐? 황벽(黃檗)스님의 은혜를 입었느냐?"

앙산스님은 말했다.

"호랑이의 머리를 탈 뿐만 아니라 또한 호랑이의 꼬리를 붙잡을 줄도 알았습니다."

착어(着語)

活埋斷際亂山中하니 落落風規照千古로다.

단제스님을 어지러운 산중에 산 채로 묻으니,
위대한 가풍 규율은 천고를 비추도다.

臨濟栽松

師栽松次에 黃蘗問하되 深山裏에 栽許多作什麼오 師云 一은 與山門으로 作境致요 二는 與後人으로 作標榜이니다 道了코 將钁頭打地三下어늘 黃蘗云 雖然如是나 子已喫吾三十棒了也로다 師又以钁頭로 打地三下하고 作嘘嘘聲하니 黃蘗云 吾宗이 到汝大興於世하리라 後에 潙山이 擧此語하야 問仰山하되 黃蘗이 當時에 祇囑臨濟一人인가 更有人在인가 仰山云 有니다마는 祇是年代深遠하야 不欲擧似和尙이니다 潙山云 雖然如是나 吾亦要知니 汝但擧看하라 仰山云 一人指南하야 吳越에 令行이라가 遇大風하면 卽止이니이다.

---

1) 일인지남운운(一人指南云云): 일인지남(一人指南)은 남원혜과(南院慧顒 750경 몰)을 가리키고 우대풍즉지(遇大風卽止)는 그 법사인 풍혈연소(風穴延沼 896~973)를 말함. 즉지(卽止)는 임제종이 대흥(大興)한다는 예언.
2) 모방(模榜): 남의 선행 사실을 기록하여 그 집 문인(門人)에게 제시하는 것.

강설

임제스님이 소나무를 심다

임제스님이 소나무를 심을 적에 황벽스님이 물으셨다.
"이 깊은 산중에 많은 소나무를 심어서 무얼 하려는가?"
임제스님은 말했다.
"첫째 절을 위하여 좋은 경치를 만들고 둘째는 후세 사람들을 위하여 표방을 지으려는 것입니다."
이렇게 여쭙고는 괭이로 세 번 땅을 내리쳤다. 황벽스님이 이르시되
"그렇기는 하지만 그대는 벌써 나의 삼십방(三十棒)을 얻어맞았느니라."
임제스님은 또 괭이로 땅을 세 번 내리치고 허-허-하고 소리를 질렀다. 황벽스님은 말씀하셨다.
"나의 종(宗)이 너의 시대에 가서 크게 세상에 흥하게 될 것이다."
뒤에 위산스님이 이 말을 끄집어내어 앙산 스님에게 물으셨다.
"황벽스님이 당시에 다만 임제스님 한 사람에게만 부촉한 것이냐?"

앙산스님은 말했다.

"있습니다. 그러나 다만 아주 먼 미래가 되므로 화상에게 말씀 드리고 싶지 않습니다."

위산스님은 말씀하셨다.

"비록 그렇더라도 나는 알고 싶다. 어쨌든 너는 말해 보아라."

앙산스님은 말했다.

"한 사람이 남쪽을 가리켜 오와 월의 지방에 법령이 행하다가 대풍을 만나서 바로 그칩니다." (이것은 풍혈 화상을 예언한 것이다.)

착어(着語)

路逢劍客須呈劍이요 不是詩人莫獻詩니라.

길에서 검객을 만나면 모름지기 칼을 바치고,
시인이 아니면 시(詩)를 바치지 말지어다.

德山과 問答

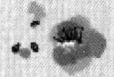

師侍立德山次에 山云 今日困이로다. 師云 這老漢寐語作什麽오 山便打하니

師掀倒繩牀이어늘 山便休하다.

강설

덕산과 문답

임제스님이 덕산 스님을 모시고 옆에 섰을 적에 덕산 스님은 말했다.
"오늘은 피곤하구나!"
임제스님은 말했다.
"이 늙은이가 잠꼬대해서 무얼하겠습니까?"
덕산스님이 바로 후려갈겼다. 임제스님이 덕산스님이 앉는 선상(禪床)을 번쩍 들어 넘어뜨렸다.
덕산스님은 아무 말 없이 쉬어 버렸다.

착어(着語)

馬面夜叉纔稽首어늘 牛頭獄卒便擎拳이로다.
箭過西天하고 石女生兒로다.

마면야차(馬面夜叉)가 겨우 머리를 숙이거늘
우두옥졸(牛頭獄卒)이 문득 주먹을 들도다.
화살이 서천을 지나가고 돌여자는 아기를 낳도다.

活埋

師普請鋤地次에 見黃檗來하고 拄钁而立하니 黃檗云하되 這漢이 困耶아 師云 钁也未擧어니 困箇什麽이닛고 黃檗이 便打어늘 師接住棒하고 一送送倒하니 黃檗이 喚維那호대 維那야 扶起我하라 하거늘 維那近前扶云 和尙이여 爭容得這風顚漢無禮이닛고 黃檗纔起에 便打維那하니 師钁地云호되 諸方은 火葬이어니와 我這裏에는 一時活埋로다. 後에 潙山이 問仰山하되 黃檗이 打維那하니 意一作麽生고 仰山云 正賊走却하고 邏蹤人喫棒이로다.

---

1) 보청(普請): 널리 청해서 조실스님이나 납자나 전산중(全山中)이 총출동하여 상하가 힘을 합해 근로하는 것.
2) 유나(維那): 선방의 기강을 맡아보는 간부스님.
3) 정적거각(正賊去却): 임제의 진정한 도적은 도망쳐버리고 추적하는 경관과 같은 유나(維那)가 장형(杖刑)에 처벌을 받았다는 말.

강설

산 채로 묻다

　임제스님이 산중운력(山中運力)으로 땅을 팔 적에 황벽스님이 오시는 것을 보고 괭이를 세워 버티고 서 있었다. 황벽스님은 말씀하셨다.
　"이 자가 피곤한가?"
　임제스님은 말했다.
　"괭이도 아직 들지 않았는데 뭐가 피곤하겠습니까?"
　황벽스님은 바로 후려갈겼다.
　임제스님이 몽둥이를 받아 쥐고서 한번 밀쳐서 넘어뜨렸다.
　황벽스님은 유나를 불러
　"유나야, 나를 붙들어 일으켜라."하고 말했다.
　유나는 가까이 가서 붙들어 일으키고 말했다.
　"화상님, 어찌 이 미친놈의 무례한 짓을 용서할 수 있겠습니까?"
　황벽스님은 일어나자마자 바로 유나를 후려갈겼다.
　임제스님이 땅을 파면서 말했다.

"제방(諸方)에서는 화장을 하지만 내 여기에서는 일시에 산 채로 묻는다."

뒤에 위산스님이 앙산 스님에게 물으셨다.

"황벽스님이 유나를 쳤는데 그 뜻은 무엇인가?"

앙산스님은 말했다.

"진짜 도적놈은 도망쳐버리고 추적하는 경관이 몽둥이를 얻어맞은 격입니다."

착어(着語)

棒下無生忍이여 臨機不讓師니라.

몽둥이 아래 무생인(無生忍)은
기(機)를 임하여 스승에게 사양하지 않느니라.

臨濟閉却目

　師一日在僧堂前하야 坐러니 見黃檗來하고 便閉却目하니 黃檗乃作怖勢하야 便歸方丈이어늘 師隨至方丈하야 禮謝하다. 首座黃檗處에 侍立하니 黃檗云 此僧이 雖是後生이나 却知有此事로다 首座云 老和尙은 脚跟不點地하고 却證據箇後生이닛고 黃檗이 自於口上에 打一摑하니 首座云 知卽得이니다.

---

1) 각지유차사(却知有此事): 이것은 임제스님을 긍정한 말이나, 황벽의 속셈은 수좌를 점검하려는 것이다.
2) 각근불점지(脚跟不點地): 진실하지 않다. 실지(實地)가 아니라는 뜻.

임제스님이 눈을 감다

　임제스님은 어떤 날 선방 앞에 앉았다가 황벽스님이 오는 것을 보고는 눈을 감아버렸다. 황벽스님은 두려워하는 몸짓을 하고 바로 방장실로 돌아갔다.
　임제스님은 황벽스님을 뒤따라 방장실로 가서 황송하다고 사례했다.
　이때 수좌스님이 황벽스님 곁에 서 있었는데 황벽스님은 그에게 말씀하셨다.
　"이 납자가 젊은 후배지만 이 일을 알고 있다."
　수좌스님은 말했다.
　"노화상님은 아무 실지(實地)가 없이 젊은 후배를 증명하십니까?"
　황벽스님은 자기 입 위를 손바닥으로 한번 쳤다. 수좌스님은 말했다.
　"아셨으면 좋습니다."

착어(着語)

官不容針하고 私通車馬로다.

관청에서는 바늘도 용납하지 않고
사사로이는 거마도 통하도다.

臨濟在堂中睡

　　師在堂中하야 睡에 黃檗이 下來見하고 以拄杖으로 打板頭一下어늘 師擧頭見是黃檗하고 却睡하니 黃檗이 又打板頭一下하고 却往上間하야 見首座坐禪하고 乃云 下間에 後生은 却坐禪이어늘 汝這裏에 忘想하야 作什麼오 首座云 這老漢은 作什麼오 黃檗이 打板頭一下하고 便出去하다 後에 潙山이 問仰山하되 黃檗이 入僧堂意作麼生고 仰山云 兩彩一賽이니다.

------

1) 타판두일하(打板頭一下): 타판두(打板頭)는 선당(禪堂)에 있는 장연상(長連床, 횡으로 길게 자리를 연한 좌선상)의 귀퉁이에 달린 판(板)을 말함.
2) 상간·하간(上間·下間): 선당(禪堂)의 상석과 하석. 선당은 동향으로 되어 있으니까 북이 상간, 남이 하간이다.
3) 양채일새(兩彩一賽): 아키츠키 료민(秋月龍珉)교수는 양채일새를 임제스님이 황벽스님과 수좌스님을 다 승(勝)한 뜻으로 보았는데 나는 그렇게 보지 않는다. 새(賽)는 도박에 사용하는 도구이다. 양채일새의 새(賽)의 표리(表裏)에 있는 수목(數目)이 기수(奇數)와 우수(偶數)의 차별이 있으나 일개(一個)의 새(賽)에 있는 양면에 불과하다는 뜻이다. 여기에 착어를 '삼두양면(三頭兩面)이니라'라고 나는 한다.

강설

임제스님 선방에서 졸다

　임제스님이 선방(禪房)에서 졸고 있었다.
　황벽스님이 와서 보고 주장자로 좌선상(坐禪床)의 판자(板子)를 탁 한번 쳤다. 임제스님은 머리를 들어서 황벽조실스님인 줄 보고서도 도로 졸았다.
　황벽스님은 또 다시 좌선상(坐禪床) 판자(板子)를 탁 한번 쳤다. 그리고 위 칸에 가서 수좌스님이 좌선하는 것을 보고 말했다.
　"아래 칸에 젊은 후배는 좌선하고 있는데 너는 여기서 망상만 피우니 그래서 무엇 하겠느냐?"
　수좌가 말했다.
　"이 늙은이가 무엇 하는 것이오?"
　황벽스님은 좌선상 판자를 탁 한번 치고 바로 나가버렸다.
　위산스님이 뒤에 앙산스님에게 물었다.
　"황벽스님이 선방에 들어가셨는데 그 뜻을 어떻게 보느냐?"
　앙산스님은 말했다.
　"양면 글자의 한 골패입니다."

착어(着語)

只知日裡點燈하고 且不知半夜潑黑이로다.

다만 대낮에 등에 불 켤 줄만 알고
또한 밤중에 먹물 뿌릴 줄은 모르도다.

钁頭問答

一日普請次에 師在後行이어늘 黃蘗이 回頭에 見師空手하고 乃問 钁頭在什麼處오 師云 有一人이 將去了也이니다 黃蘗云 近前來하라. 共汝商量箇事하려 하노라 師便近前에 黃蘗이 竪起钁頭云 祇這箇天下人이 拈掇不起라하니 師就手掣得堅起云 爲什麼却在某甲手裏이닛고 黃蘗云 今日大有人하야 普請이라 하고 便歸院하다 後에 潙山이 問仰山호되 钁頭在黃蘗手裏어늘 爲什麼하야 却被臨濟奪却고 仰山云 賊是小人이나 智過君子이니다.

---

1) 사재후행(師在後行): 조실스님 뒤에 쫓아갔단 말이 아니라 대중 뒤를 따라 갔다는 말.
2) 공여상량개사(共汝商量箇事): 상량(商量)은 상인이 물품을 매매할 적에 그 가격을 논량(論量)하여 정한다는 뜻에서 전하여 법문의 문답 대론(對論)을 말함.
3) 대유인보청(大有人普請): 대(大)는 유(有)의 뜻을 강조한 속어표현. 인(人)은 임제를 말함.

강설

운력하며 문답하다

　어떤 날 산중(山中)이 총출동하여 운력(運力)할 때에 임제스님이 대중 뒤에서 걸어가고 있었다.
　황벽화상이 뒤를 돌아보고 임제스님이 빈손인 것을 보고는 물었다.
　"괭이는 어데 있느냐?"
　임제스님이 여쭈었다.
　"어떤 사람이 가지고 가버렸습니다."
　황벽화상이 말했다.
　"이리 가까이 오너라. 너와 같이 이 일을 상량(商量)해보자."
　임제스님이 가까이 갔다.
　황벽화상이 괭이를 번쩍 세우고 말했다.
　"오직 이것만은 천하 사람이 접어 가져서 세우지 못한다."
　임제스님은 황벽화상 손에서 괭이를 잡아당겨 빼앗아 세우고 말했다.
　"어째서 지금은 저의 손 안에 있습니까?"

황벽화상은 말했다.

"오늘 크게 운력(運力)한 사람이 있다." 하고, 바로 선원(禪院)으로 돌아갔다.

뒤에 위산스님이 앙산스님에게 물었다.

"괭이가 황벽화상 손 안에 있었는데 어째서 임제스님에게 빼앗겼느냐?"

앙산스님이 말했다.

"도적놈은 소인이지만 지혜는 군자보다 더 있습니다."

착어(着語)

盡道世間胡鬚赤이나 須知更有赤鬚胡니라.

다 세간에서 오랑캐 수염이 붉다 이르나,
모름지기 다시 붉은 수염의 오랑캐가 있음을 알지니라.

臨濟爲黃檗馳書潙山

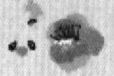

師爲黃檗馳書하야 去潙山하니 時에 仰山이 作知客이라 接得書하고 便問하되 這箇是黃檗底어니와 那箇是專使底인고 師便掌한대 仰山約住云하되 老兄이 知是般事니 便休하라 하고 同去見潙山하니 潙山이 便問하되 黃檗師兄은 多少衆고 師云 七百衆이니다. 潙山云 什麽人이 爲導首오 師云 適來已達書了也니다. 師却問潙山호되 和尙此間多少衆이닛고 潙山云 一千五百衆이로다. 師云 太多生이니다. 潙山云 黃檗師兄亦不少니라 師辭潙山에 仰山이 送出云 汝向後北去하면 有箇住處하리이다. 師云 豈有與麽事리요 仰山云 但去하라 已後에 有一人佐輔老兄在하리이다. 此人은 祇是有頭無尾요 有始無終이로다 師後到鎭州에 普化己在彼中하야 師出世에 普化佐贊於師러니 師住未久에 普化는 全身脫去하니라.

---

1) 지객(知客): 선방에 있어서 손님을 접대하는 직명(職名).
2) 도수(導首): 수위(首位)의 지도자, 즉 장로(長老)를 가리킴.
3) 출세(出世): 세상에 나와서 교화활동을 하는 것. 일사(一寺)의 주지(옛날에는 조실을 주지라고 했음)가 되는 일.

강설

임제스님이 황벽스님의 편지를 위산스님에게 전하다

임제스님이 황벽화상의 편지를 가지고 위산스님에게 갔다.
그때에 앙산스님이 지객(知客)이었는데 편지를 받아 쥐고 바로 물었다.
"이것은 황벽화상 것입니다. 어떤 것이 그대의 것입니까?"
임제스님이 바로 손바닥으로 후려갈겼다. 앙산스님은 그 손을 꽉 잡아 쥐고
"노형이 이 일을 아는 데야 바로 그만 둡시다."
하고, 같이 가서 위산스님을 뵈었다.
위산스님은 바로 물었다.
"황벽사형님 회하에는 대중이 얼마나 되는가?"
임제스님은 말했다.
"칠백 대중입니다."
위산스님은 말했다.
"어떤 사람이 우두머리 지도자인가?"
임제스님은 말했다.

"방금 벌써 편지를 드려 마쳤습니다."

임제스님이 반대로 위산스님에게 물었다.

"조실스님의 회하에는 대중이 얼마나 됩니까?"

위산스님이 대답했다.

"대중이 천오백 명이다."

임제스님이 말했다.

"대단히 많습니다."

위산스님이 말했다.

"황벽사형(師兄)도 적지 않구나."

임제스님은 위산스님을 사퇴(辭退)했다. 앙산스님은 임제스님을 전송하면서 말했다.

"그대가 이 뒤에 북방으로 가면 머물 곳이 있을 것이요."

임제스님이 말했다.

"무슨 그런 일이 있겠소."

앙산스님이 말했다.

"다만 가보시오. 그리하면 한 사람이 노형을 도와 줄 것이오. 이 사람은 실로 머리는 있고 꼬리는 없으며 시작은 있고 끝은 없을 것이요."

임제스님이 그 뒤에 진주(鎭州)에 가니 보화(普化)스님이 이미 거기에 있었다.

임제스님이 출세하여 임제원(臨濟院)에 조실로 있게 되자 보화스님은 임제스님을 도와주었다.

임제스님이 임제원(臨濟院)에 머문 지 얼마 안 되어서 보화스님은 전신(全身)으로 이 세상에서 떠나가 버렸다.

착어(着語)

未觀其人이면 先觀行使니라.

그 사람을 보지 못했으면
먼저 심부름꾼을 볼지니라.

破夏因緣

師因半夏에 上黃檗하야 見和尙看經하고 師云 我將謂是箇人이러니 元來是掊黑豆老和尙이로다 住數日에 乃辭去하다 黃檗云 汝破夏來라가 不終夏去아 師云 某甲이 暫來禮拜和尙이니다. 黃檗이 遂打趁令去하니 師行數里라가 疑此事하고 却回終夏하니라 師一日辭黃檗한대 檗이 問하되 什麼處去오 師云 不是河南이면 便歸河北이니다. 黃檗이 便打어늘 師約住與 一掌하니 黃檗이 大笑하고 乃喚侍者하야 將百丈先師禪板机安來하라 한대 師云 侍者여 將火來하라하니 黃檗云 雖然如是나 汝但將去하라 已後에 坐却天下人舌頭去在니라 後에 潙山이 問仰山하되 臨濟莫辜負他黃檗也無아 仰山云 不然이니다. 潙山云 子又作麼生고 仰山云 知恩하야사 方解報恩이니이다. 潙仰山云 從上古人이 還有相似底也無아 仰山云 有니다마는 祇是年代深遠하야 不欲擧似和尙이니다 潙山云 雖然如是나 吾亦要知하노라. 子但擧看하라 仰山云 祇如楞嚴會上에 阿難이 讚佛云 將此深心奉塵刹이면 是則名爲報佛恩이로다하니 豈不是報恩之事이릿가 潙山云 如是如是하다. 見與師齊하면 減師半德이요 見過於

師하야사 方堪傳授이니라.

---

1) 반하(半夏): 하안거(우기의 4월 15일부터 7월 15일까지 3개월간 금족수행)의 중간되는 날. 즉 6월 1일을 말함. 안거 사이에 참가하면 금족(禁足)을 범한 것이 되므로 이것을 파하(破夏)라 함. 고래종문(古來宗門)에서는 이 화(話)를 '파하(破夏)의 인연'이라 칭하여 '백장재참(百丈再參)'의 화(話)와 같이 가장 중요시한다.
2) 암흑두(揞黑豆): 전등록에는 '암흑두(唵黑豆)'라고 했는데 이것이 옳다고 생각한다. 암(唵)은 '움켜먹을 암' 자이니 손으로 움켜먹는 것이므로 검은 콩 같은 글자를 주워서 읽는다는 뜻이다.
3) 선판(禪板): 선판은 좌선하다가 피로할 때에 턱에 괴어 편히 쉬도록 만든 긴 판자.
4) 궤안(机案): 궤안은 좌선할 적에 허리가 앞으로 굽히지 않도록 등 뒤에 대어서 기대는 도구. 황벽스님은 법을 부촉하는 증표로 선판과 궤안을 백장스님으로부터 받았고 이제는 임제스님에게 전하는 것이다.
5) 장차심화운운(將此深心云云): 『능엄경 권3』에 있는 말. 심심(深心)은 대비심으로써 보리를 증(證)하고 대비심으로써 중생(衆生)을 제도하는 상구보리하화중생의 원심(願心)을 말함.

강설

하안거를 깨뜨리다

　임제스님은 어느 해 여름 안거 중의 중간에 황벽산(黃檗山)에 올라가서 황벽화상이 경(經)을 보시는 것을 보고 말했다.
　"저는 지금까지 조실스님을 훌륭한 분이라고 생각했었는데 보통으로 그저 경(經)이나 읽는 노스님이로구나."
　임제스님은 수일동안 머물었다가 작별하고 가려 했는데 황벽화상은 말했다.
　"너는 여름 안거규칙을 지키지 않고 안거의 중간에 왔다가 안거도 마치지 않고 가느냐?"
　임제스님이 말했다.
　"저는 잠깐 조실스님께 인사차 뵈러 왔었습니다."
　황벽화상은 그때에 후려갈겨서 내쫓아 버렸다. 임제스님은 몇 리를 가다가 이 일을 의심하고는 돌아와서 여름 안거를 마쳤다.
　임제스님이 하루는 황벽화상을 하직하고 떠나려 했다. 황벽화상이 물었다.
　"어디로 가려느냐?"

임제스님이 말했다.

"하남(河南)이 아니면 하북(河北)으로 돌아갈까 합니다."

황벽화상은 바로 후려갈겼다.

임제스님은 황벽화상을 붙잡고 손바닥으로 한번 철썩 때렸다. 황벽화상은 껄껄 크게 웃고 시자(侍者)를 불러 "백장 큰스님의 선판(禪板)과 궤안(机案)을 가지고 오너라."

임제스님이 말했다.

"시자(侍者)야, 불을 가지고 오너라."

황벽화상이 말했다.

"그것도 옳기는 옳으나 어쨌든 가지고 가라. 이 뒤에 천하 사람의 입을 막아버릴 것이다."

뒤에 위산화상이 앙산스님에게 물으셨다.

"임제스님이 저 황벽화상을 배반한 것이 아니냐?"

앙산스님이 말했다.

"그렇지 않습니다."

위산화상이 말했다.

"자네는 어떻게 보는가?"

앙산스님은 말했다.

"은혜를 알아야만 은혜를 갚을 줄도 압니다."

위산화상은 말했다.

"위로 고인(古人) 중에도 이와 같은 일이 있느냐?"

앙산스님이 말했다.

"있습니다만 아주 멀고 먼 옛적 일이라 스님에게 말씀드리고 싶지 않습니다."

위산화상이 말했다.

"그렇기는 그렇다 하더라도 나는 알고 싶다. 어쨌든 네가 말해 보아라."

앙상스님은 말했다.

"그것은 저 부처님이 『능엄경』을 설한 법회에서 아난(阿難)이 부처님을 찬탄하여 말하기를 '이 깊은 마음으로써 한량없는 국토(國土)에 봉사하면 이것이 이름이 참으로 부처님 은혜를 갚는 것이라'한 것은 어찌 스승의 은혜를 갚는 일이 아니겠습니까?"

위산화상이 말했다.

"그렇다, 그렇다. 제자의 견지(見地)가 스승과 같으면 스승의 덕을 반이나 감하는 것이다. 제자의 견지가 스승보다 수승하면 법을 전해 줄 만한 자격이 있다."

착어(着語)

一狀領過라
霹靂이 滿空山岳摧하니 看看平地波濤起로다.
兩個泥牛鬪入海하야 直至而今無消息이로다.
種豆由來生稻麻하고 三脚蝦蟇飛上天이로다.
驚走陝府鐵牛하고 嚇殺嘉州大像이로다.

한 장에 동죄(同罪)로 묶음이라
벽력이 허공에 차서 산악이 꺾어지니 보고 보아라 평지에 파도가 일어나도다.
두 마리 진흙소가 서로 싸우며 바다에 들어간 뒤 지금까지 소식이 없도다.
콩을 심으니 원래 벼가 나고 세 다리의 두꺼비는 날아서 하늘로 올라가도다.
협부의 무쇠소를 놀라 달아나게 하고 가주의 미륵상을 꾸짖어 야단치도다.

到達磨塔頭

師到達磨塔頭하니 塔主云 長老여 先禮佛가 先禮祖가 師云호되 佛祖俱不禮니이다 塔主云 佛祖與長老 是什麼冤家오 師便拂袖而出하다.

---

1) 달마탑두(達磨塔頭): 중국의 하남성 웅이산정림사(熊耳山定林寺)에 있는 초조 달마조사의 탑(塔)이 있는 곳. 탑두(塔頭)는 고승이 종적한 후에 제자들이 그 탑의 근처에 소암(小庵)을 짓고 머물었던 곳이며, 뒤에는 대사원 경내에 있는 소원(小院)의 뜻으로 되었다.
2) 탑주(塔主): 탑두의 주지.
3) 원가(冤家): 원수의 사람.

강설

달마스님의 탑전

　임제스님이 달마스님의 탑을 모신 절에 갔다. 탑절의 주지스님이 말했다.
　"장로(長老)스님은 먼저 부처님에게 예배하겠습니까? 또는 먼저 조사스님에게 예배하겠습니까?"
　임제스님이 말했다.
　"부처님이고 조사스님이고 모두 다 예배하지 않겠습니다."
　주지스님이 말했다.
　"부처님과 조사(祖師)스님이 장로(長老)스님과 원수라도 됩니까?"
　임제스님은 바로 소매를 뿌리치고 나갔다.

착어(着語)

虎頭虎尾一時收니라.
脫穀烏龜는 飛上天이니라.

호랑이 머리와 호랑이 꼬리를 일시에 거두었느니라.
껍데기 벗은 거북은 날아서 하늘로 올라가도다.

到龍光

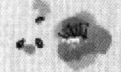

師行脚時에 到龍光하니 光이 上堂에 師出問호되 不展鋒鋩하고 如何得勝이닛고 光이 據坐어늘 師云 大善知識이여 豈無方便이닛고 光이 瞪目云嗄하니 師以手指云 這老漢이 今日敗闕也로다.

---

1) 용광(龍光): 전기불명.
2) 부전봉망(不展鋒鋩): 칼날을 펴지 않음. 칼집에서 칼을 빼지 않은 것.
3) 거좌(據坐): 기대고 앉음. 버티고 앉음.
4) 사(嗄): 목 갈래에서 나오는 소리. 여기에서는 '사--하고' 칼 쓸 때의 소리.
5) 패궐(敗闕): 실패. 허물.

용광스님을 만나다

　임제스님이 행각(行脚)할 때에 용광(龍光)스님이 있는 곳에 갔다. 용광스님은 법당에 올라 가서서 법문을 하셨다. 임제 스님이 나와 묻기를
　"칼을 칼집에서 빼지 않고 어떻게 이길 수 있습니까?"
하니 용광스님이 버티어 바로 앉으셨다. 임제스님이 말하기를
　"대선지식이 어찌 방편이 없을 수가 있겠습니까?"
　용광스님은 눈을 똑바로 쳐다보고 말하기를
　"싹(嘎-칼로 물건을 짜를 때 나는 소리)."
　임제스님은 손으로 가리키며 말했다.
　"이 늙은이가 오늘 실패했소."

착어(着語)

來說是非者는 便是是非人이니라.

와서 시비를 말하는 자는
문득 이 시비의 사람이니라.

到三峯

到三峯하니 平和尙이 問하되 什麼處來오 師云 黃檗來이니다. 平云 黃檗有何言句오 師云 金牛昨夜에 遭塗炭이라 直至如今토록 不見蹤이로다. 平云 金風吹玉管이어늘 那箇是知音고 한대 師云 直透萬重關하야 不住淸霄內로다 하니 平云 子這一問太高生이로다 師云 龍生金鳳子에 衝破碧瑠璃로다 平云 且坐喫茶하라 又問 近離甚處오 하니 師云 龍光이니다 平云 龍光은 近日如何오 師便出去하다.

---

1) 삼봉(三峰): 삼봉의 평화상(平和尙). 전기불명.
2) 도탄(塗炭): 용광로.
3) 태고생(太高生): 심(甚)히 높다. 생(生)은 의미 없는 접미사.

강설

삼봉스님을 만나다

임제스님은 상봉(三峰)의 평화상(平和尙)있는 곳에 갔다. 평화상(平和尙)이 물었다.

"어느 곳에서 왔는고?"

임제스님이 말했다.

"황벽화상에게서 왔습니다."

평화상이 이르되

"황벽스님은 무슨 말로 가르치시던고?"

임제스님이 말했다.

"황금의 소가 어젯밤에 용광로 불속으로 들어가서 이내 지금까지 자취가 보이지 않습니다."

평화상이 말했다.

"가을바람에 옥적(玉笛)을 부는 소리를 누가 잘 알아들을 수가 있을고?"

임제스님이 말했다.

"바로 만중(萬重)의 관문을 통해 지나서 맑은 하늘 속에도 머무르지 않습니다."

평화상이 말했다.

"그대의 한 물음은 대단히 높도다."

임제스님이 말했다.

"용이 황금의 봉황새 새끼를 낳으니 유리빛의 파란 허공을 날아서 파(破)함이외다."

평화상이 말했다.

"자, 앉아서 차나 드오."

또 물었다.

"요즘 어디서 떠나왔는고?"

임제스님은 말했다.

"용광(龍光) 회상(會上)입니다."

평화상(平和尙)은 말했다.

"용광스님은 요사이 어떻던고?"

임제스님은 바로 나가버렸다.

착어(着語)

國淸才子貴하고 家富小兒嬌니라.
海底泥牛吼하고 雲中木馬嘶로다.

나라가 맑으니 재주 있는 사람이 귀하고,
집이 부하니 어린아이가 예쁘니라.
바다 속에 진흙소가 부르짖고
구름 속에 나무말은 울부짖도다.

到大慈

到大慈하니 慈在方丈內坐어늘 師問하되 端居丈室時如何오 慈云 寒松一色千年別하고 野老拈花萬國春이로다. 師云 今古永超圓智體라 三山銷斷萬重關이로다. 慈便喝한대 師亦喝하거늘 慈云 作麽오 師拂袖便去하다.

---

1) 대자(大慈): 백장(百丈)의 법사. 항주대자산(杭州大慈山)의 환중선사(寰中禪師)(780~862).
2) 원지체(圓智體): 대원경지(大圓境智)의 본체.
3) 삼산(三山): 선인이 주(住)하는 봉래(蓬萊), 방장(方丈), 영주(瀛州)의 삼산(三山).

강설

대자스님을 만나다

임제스님이 대자스님 있는 곳에 갔다. 대자스님은 방장실에 앉아 있었다.

임제스님은 물었다.

"방장실에 정좌하고 있을 때의 경지는 어떻습니까?"

대자스님은 말했다.

"소나무는 추운 때에도 푸르게 천년도 변함이 없는 한 색깔이라, 다른 나무와는 다르다. 백성들은 꽃을 따서 만국(萬國)의 봄을 즐기도다."

임제스님은 말했다.

"예나 이제나 영원히 대원경지(大圓鏡智)의 본체를 초월했고 신선이 사는 삼산(三山)은 만중(萬重)의 관문으로 꽉 갇혀버렸습니다."

이 말을 들은 대자 스님은 바로 할을 하자 임제스님도 할을 했다.

대자스님은 말했다.

"어떠하오?"

임제스님은 소매를 뿌리치고 바로 나갔다.

착어(着語)

太平本是將軍致나 不許將軍見太平이니라.
石人放歌木人笑하고 露柱燈籠齊唱和로다.

태평은 본래로 이 장군이 이루지만
장군이 태평을 봄을 허락하지 않느니라.
돌사람은 노래 부르고 나무사람은 웃으며
드러난 기둥과 등롱은 합장한다.

到襄州華嚴

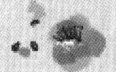

到襄州華嚴하니 嚴이 倚拄杖作睡勢어늘 師云 老和尙이 瞌睡作麼오 嚴云 作家禪客은 宛爾不同이로다 師云 侍者야 點茶來하야 與和尙喫하라 嚴이 乃喚維那하야 第三位에 安排這上座하라.

---

1) 양주화엄(襄州華嚴): 호북성(湖北省) 영주현(靈州縣)의 녹문산(鹿門山) 화엄원(華嚴院).
2) 완이(宛爾): 분명히.
3) 안배(安排): 배치함.
4) 상좌(上座): 상석의 뜻이니 사문중(沙門中)의 노숙(老宿)을 존칭하는 이름.

강설

화엄스님을 만나다

 임제스님은 양주(襄州)의 화엄(華嚴)스님이 계신 곳에 갔다. 화엄스님은 주장자에 의지하여 조는 체 하였다. 임제스님은 말했다.
 "노장(老丈)님이 졸아서 어떻게 합니까?"
 화엄스님은 말했다.
 "훌륭한 선객(禪客)은 분명히 다르구나."
 임제스님은 말했다.
 "시자야, 차를 다려 와 노장님에게 드려 잡수시게 하라."
 그리고 화엄스님은 유나(維那)를 불러 말했다.
 "제삼위(第三位)에 이 큰스님을 모셔라."

착어(着語)

雨散雲收하니 長江練練이로다.
石人踏破三郎船이로다.

비가 개여 구름이 걷우어지니 긴 강이 하얗게 빛나도다.
돌사람이 사씨네 셋째아들의 배(船)를 밟아 깨드린다.

到翠峯

到翠峯하니 峯問甚處來오 師云 黃檗來니이다 峯云 黃檗有何言句하야 指示於人고 師云 黃檗은 無言句니이다 峯云 爲什麽無오 師云 設有라도 亦無擧處니이다 峯云 但擧看하라 師云 一箭過西天이니다.

---

1) 취봉(翠峰): 전기불명.
2) 일전과서천(一箭過西天): 한 화살이 벌써 서쪽 인도를 지나가서 떨어진 곳을 알 수 없다는 뜻. 자취가 없다는 뜻.

강설

취봉스님을 만나다

임제스님은 취봉(翠峰)스님 있는 곳에 갔다. 취봉스님은 물었다.
"어디서 왔는고?"
임제스님은 말했다.
"황벽산(黃檗山)에서 왔습니다."
취봉스님은 말했다.
"황벽스님은 무슨 말을 가지고서 학인을 지도하시는고?"
임제스님은 말했다.
"황벽스님은 말씀이 없습니다."
취봉(翠峰)스님은 말했다.
"어째서 없는고?"
임제스님은 말했다.
"설사 있더라도 저는 말할 것이 없습니다."
취봉스님은 말했다.
"어쨌든 간에 말해보라."
임제스님은 말했다.

"한 화살이 벌써 서천(西天)에 지나가 버렸습니다."

착어(着語)

一箭尋常落一鵰하고 更加一箭已相饒로다.
天上天下沒蹤跡하고 無毛鷂子貼天飛로다.

한 화살은 심상히 한 독수리를 떨어뜨리고
다시 한 화살을 더하니 서로 넉넉하도다.
하늘 위나 하늘 아래나 자취 없고
털없는 새매는 하늘에 붙어난다.

到象田

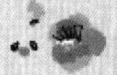

到象田하야 師問하되 不凡不聖이라 請師速道하소서 田云 老僧은 祇與麼로다 師便喝云 許多禿子가 在這裏하야 覓什麼椀고.

---

1) 상전(象田): 전기불명.
2) 노승지여마(老僧祇與麼): 다만 이대로가 불범불성(不凡不聖)이라는 견해이니 '무사시귀인(無事是貴人)'을 잘못 깨달은 사견(邪見)이라 하겠다.
3) 멱십마완(覓什麼椀): 멱완(覓椀)은 밥을 찾는다는 뜻. 여기에서는 가르침을 받는다. 선(禪)을 배운다는 뜻.

강설

상전스님을 만나다

임제스님은 상전(象田)스님의 처소에 갔다.
임제스님은 물었다.
"범부도 아니고 성인도 아닌 경지는 무엇입니까? 스님은 속히 말해주시오."
상전스님은 말했다.
"노승은 다만 이러하오."
임제스님은 바로 할(喝)을 하고 말했다.
"여러 스님들이 이런 곳에서 무엇을 배우려고 하겠습니까?"

착어(着語)

訝郞堂이여 遲逗不少로다.

아, 시원치 않는 사람이여 허물이 적지 않도다.

到明化

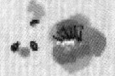

到明化하니 化問호되 來來去去作什麼인고 師云 祇徒踏破草鞋로다 化云 畢竟作麼生고 師云 老漢話頭也不識이로다.

---

1) 명화(明化): 전기불명.

강설

명화스님을 만나다

임제스님은 명화(明化)스님의 처소에 갔다.
명화스님은 물었다.
"왔다 갔다해서 무엇을 할 것이오."
임제스님은 말했다.
"다만 쓸데없이 짚신만 신어서 헤지게 할 뿐입니다."
명화(明化)스님은 말했다.
"필경(畢竟)에 어떠하오."
임제 스님은 말했다.
"늙은이는 화두도 모릅니다."

착어(着語)

獅子一吼하니 野干腦裂이로다.

사자가 한번 부르짖으니,
여우의 머리골이 찢어지도다.

往老婆

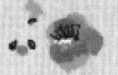

　　往鳳林이라가 路逢一婆하니 婆問하되 甚處去오 師云 鳳林去로다 婆云 恰値鳳林不在로다 師云 甚處去오 婆便行하니 師乃喚婆에 婆回頭거늘 師便打하다.

---

1) 봉림(鳳林): 전기불명.

강설

노파를 만나다

　임제스님이 봉림(鳳林)스님 있는 곳에 가다가 도중에 한 할머니를 만났다.
　할머니가 물었다.
　"어디에 가십니까?"
　임제스님은 말했다.
　"봉림(鳳林)에 가오."
　할머니가 말했다.
　"마침 봉림(鳳林)스님은 계시지 않습니다."
　임제스님은 말했다.
　"어디 가셨소?"
　이 할머니는 바로 걸어갔다.
　이에 임제 스님은 할머니를 불렀다.
　할머니가 머리를 돌리니 임제스님은 바로 걸어갔다.

착어(着語)

戱海獰龍이요 摩霄俊鶻이로다.

바다를 희롱하는 사나운 용이요,
하늘을 가는 뛰어나게 빠른 매로다.

到鳳林

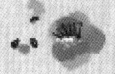

到鳳林하니 林間호되 有事에 相借問하노니 得麽아 師云 何得剜肉 作瘡이리요 林云 海月澄無影이어늘 遊魚獨自迷로다 師云 海月旣無 影커니 遊魚何得迷오 鳳林云 觀風知浪起요 翫水野帆飄로다 師云 孤輪獨照江山靜이요 自笑一聲天地驚이로다. 林云 任將三寸輝天 地어니와 一句臨機試道看하라. 師云 路逢劍客須呈劍이요 不是詩 人莫獻詩어다 鳳林便休하다 師乃有頌하니 大道絕同이라 任向西東 로다 石火莫及이요 電光罔通이로다. 潙山이 問仰山호되 石火莫及이 요 電光罔通이어늘 從上諸聖이 將什麽爲人고 仰山云 和尙意作麽 生이닛가 潙山云 但有言說이요 都無實義로다 仰山云 不然이니다 하 니 潙山云 子又作麽生고 仰山云 官不容針이나 私通車馬로다.

---

1) 대도절동(大道絕同): 절대의 대도(大道)는 평등, 차별을 초월함.

강설

봉림스님을 만나다

임제스님은 봉림(鳳林)스님의 처소에 갔다.

봉림스님은 물었다.

"시험 삼아 물을 일이 있는 데 좋습니까?"

임제스님은 말했다.

"어찌 일부러 살을 깎아서 부스럼을 만들겠습니까?"

봉림스님은 말했다.

"바다와 달은 맑아서 그림자가 없는데 노니는 고기가 저 혼자 스스로 미(迷)하였구나."

임제스님이 말했다.

"바다의 달이 그림자가 없는데 노니는 고기가 어찌 미(迷)할 수가 있습니까?"

봉림스님은 말했다.

"바람 부는 것을 보고 물결 일어남을 알고, 물에 노는 적은 배의 돛은 나부낍니다."

임제스님은 말했다.

"둥근 바퀴와 같은 달은 홀로 비추어 강산이 고요하고, 스스로 웃는 한 소리에 천지가 놀래는구나."

봉림스님은 말했다.

"세치 혀끝을 가지고 천지를 빛내는 것은 임의대로 하되, 지금 이때를 당하여 한 글귀를 일러 보시오."

임제스님은 말했다.

"길에서 검객을 만나면 칼을 바치되 시인이 아니면 시를 드리지 마시오."

봉림스님은 바로 문답을 그만두었다.

거기에 임제스님은 송(頌)을 지었다.

"절대의 대도(大道)는 평등한 것까지도 끊어져서
서쪽에나 동쪽에나 자유로 행하는구나.
돌불[石火]도 미칠 수 없고
번갯불도 통할 수 없도다."

위산화상이 앙산 스님에게 물었다.

"돌불[石火]도 미칠 수 없고 번갯불도 통할 수 없는데 지금까지의 성인들은 무엇을 가지고 사람을 교화하였는가?"

앙산스님은 말했다.

"스님의 생각은 어떻습니까?"

위산스님은 말했다.

"오직 말만 있는 것이다. 진실한 뜻은 전연 없다."

앙산스님은 말했다.

"그렇지 않습니다."

위산스님은 말했다.

"자네는 어떻게 생각하는가?"

앙산스님은 말했다.

"관청은 바늘만한 것도 용납할 수 없으나 뒷문으로는 수레와 말도 통합니다."

착어(着語)

漢王은 己坐含元殿이어늘 紀信은 依前說詐降이로다.
木人把板雲中拍하고 石女는 含笙井底吹로다.

한왕은 이미 함원전(含元殿)에 앉았거늘
기신(紀信)은 의전(依前)히 거짓 항복함을 말하도다.
나무사람은 판자를 잡고 구름 속에서 박자치고
돌여자는 피리를 물고 우물 속에서 분다.

*기신(紀信)은 한고조의 무장이나 고조가 영양에서 항우의 군사에게 포위되었을 때 자기를 희생하여 그를 구해냈다. 고조의 수레를 타고 초나라 군사를 속여 마침내 고조를 대신하여 죽었다.

到金牛

到金牛하니 牛見師來하고 橫按拄杖하야 當門踞坐어늘 師以手敲拄杖三下하고 却歸堂中하야 第一位坐하니 牛下來見하고 乃問하되 夫賓主相見에 各具威儀어늘 上座는 從何而來완대 太無禮生고 師云 老和尙道什麼오 牛擬開口에 師便打하다 牛作倒勢어늘 師又打하니 牛云 今日不著便이로다. 潙山이 問仰山하되 此二尊宿이 還有勝負也無아 仰山云 勝卽總勝이요 負卽總負이니다.

---

1) 금우(金牛): 진주금우원(鎭州金牛院)에 주(住)한 화상. 마조의 법사 금우 화상과 동일한 스님인지 불명.
2) 제1위좌(第一位坐): 제 1위는 전당수좌(前堂首座)가 앉는 자리.

강설

금우스님을 만나다

임제스님은 금우(金牛)스님 처소에 갔다.

금우스님은 임제스님이 오는 것을 보고 주장자를 횡(橫)으로 뉘어 막고서 문 가운데에 버티고 걸터앉았다.

임제스님은 손으로 주장자를 세 번 두드리고 선방(禪房) 안에 들어가서 제일위(第一位)에 앉았다.

금우스님은 선방 안에 내려와서 그를 보고 물었다.

"대관절 손님과 주인이 서로 만남에는 각기 예의가 있는 법인데 상좌는 어디서 왔기에 이렇게 대단히 무례하오?"

임제스님은 말했다.

"노장(老丈)님은 무엇이라 말씀하십니까?"

금우스님이 입을 열려고 한즉 임제스님은 이내 쳤다.

금우스님은 넘어지는 시늉을 했다.

임제스님은 또 쳤다.

금우스님은 말했다.

"오늘은 운이 나쁘다."

위산화상은 앙산스님에게 물었다.
"이 두 큰스님은 이기고 짐이 있는가?"
앙산스님은 말했다.
"이겼다 하면 다 이기고 졌다 하면 다 졌습니다."

착어(着語)

金毛哮吼亂峯前하니 百獸聞之皆腦裂이로다.
孤峯頂上木人叫하고 紅燄輝中石馬嘶로다.

황금빛 사자가 어지러운 산봉우리 앞에서 울부짖으니,
백 가지 짐승은 듣고서 다 머리골이 찢어지도다.
외로운 봉우리 위에 나무사람은 부르짖고
붉은 불꽃 빛나는 속에 돌말은 울부짖도다.

臨濟遷化

　　師臨遷化時에 據坐云호되 吾滅後라도 不得滅却吾正法眼藏이어다 三聖이 出云 爭敢滅却和尙正法眼藏이릿가. 師云 已後有人問你하면 向他道什麼오 三聖이 便喝하다. 師云 誰知吾正法眼藏이 向這瞎驢邊滅却고 言訖하고 端然示寂하시다.

---

1) 정법안장(正法眼藏): 청정법안(淸淨法眼), 진정견해(眞正見解), 무상정법(無上正法)을 말함.
2) 삼성(三聖): 임제스님의 법사인 삼성혜연(三聖慧然).
3) 시적(示寂): 열반을 번역하여 적멸(寂滅), 또는 원적(圓寂)이라 함. 시적(示寂)은 적멸을 시현(示現)함이니 스님의 죽음을 의미한다.

강설

임제스님의 열반

임제스님이 임종하실 때에 기대어 바로 앉으시고 말했다.
"내가 죽은 뒤에 나의 정법안장(正法眼藏)을 멸(滅)해 버리면 안 된다."
삼성(三聖)이 나와서 말했다.
"어찌 감히 스님의 정법안장을 멸해 버리겠습니까?"
임제스님은 말했다.
"이후에 사람이 너에게 물으면 무엇이라고 대답하겠는가?"
삼성(三聖)은 바로 할을 했다.
임제스님은 말했다.
"나의 정법안장이 이 눈먼 나귀한테서 멸해 버릴 줄이야 누가 알겠나?"
말씀해 마치시고 단정히 앉으신 채 열반하셨다.

착어(着語)

瞎驢喝下滅正法하니 四海從玆立家風이로다.
百剳千重俱匝脱하고 到騎佛殿出三明이로다.

눈먼 나귀의 할 아래에 정법이 멸하니,
사해에 이로 쫓아 가풍을 세우도다.
백겹 천겹을 모두 벗어버리고
불전을 거꾸로 타고 삼명을 나선다.

臨濟의 略傳

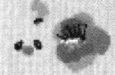

　師諱는 義玄이요 曹州南華人也라 俗姓은 邢氏요 幼而穎異하고 長以孝聞하며 及落髮受具에 居於講肆하야 精究毘尼하고 博賾經論이러니 俄而歎曰此는 濟世之醫方也요 非敎外別傳之旨라 하고 卽更衣遊方에 首參黃檗하고 次謁大愚하니 其機緣의 語句, 載于行錄하니라 旣受黃檗의 印可하고 尋抵河北하야 鎭州城東南隅에 臨滹沱河側하야 小院住持하니 其臨濟는 因地得名이라 時에 普化先在彼하야 佯狂混衆하니 聖凡莫測이라 師至에 卽佐之하고 師正旺化에 普化는 全身脫去하니라 乃符仰山小釋迦之懸記也니라 適丁兵革하야 師卽棄去하니라 太尉黙君和가 於城中에 捨宅爲寺하고 亦以臨濟爲額하야 迎師居焉하니라 後에 拂衣南邁하야 至河府하니 府主王常侍가 延以師禮러니 住未幾하야 卽來大名府興化寺하야 居于東堂이라가 師無疾코 忽一日에 攝衣據坐하야 與三聖으로 問答畢하고 寂然而逝하시니 時는 唐咸通八年丁亥血孟陬月十日也러라 門人이 以師全身으로 建塔于大名府西北隅하다 勅諡慧照禪師하고 塔號燈靈하다 合掌稽首하고 記師大略하노라.

行錄 | 385

住鎭州保壽嗣法小師 延沼 謹書.

---

1) 조주남화(曹州南華): 조주는 산동성(山東省) 연주부(兗州府), 남화(南華)는 연주부 단현(單縣) 이호성(離狐城) 부근이다.
2) 거어강사(居於講肆): 교종의 강원에서 불교학을 연학(硏學)한 것을 이른 것.
3) 비니(毘尼): 율장(律藏)의 뜻.
4) 경의유방(更衣遊方): 선종으로 개종하고 행각수행(行脚修行)한다는 뜻. 경의(更衣)는 선종의 승복으로 고친다는 뜻.
5) 태위묵군화(太尉黙君和): 태위(太尉)는 무관의 최고위(最高位).
6) 하부(河府): 하북부(河北府).
7) 대명부흥화사(大名府興化寺): 대명부(大名府)는 건주(鍵州). 흥화사(興化寺)는 임제 스님의 법사(法嗣)인 존장(存奬)이 주지하던 사찰.
8) 함통팔년운운(咸通八年云云): 서기 867년. 맹추월(孟陬月)은 정월. 적년(寂年)에는 이설(異說)이 있다고 한다. 『조당집(祖堂集) 권 19』, 『송고승전(宋高僧傳) 권 12』, 『전등록 권 12』, 『광등록 권 11』, 『운봉연보(雲峰年譜)』에는 다 함통(咸通) 7년 병술 4월10일로 되어 있다.

강설

임제의 약전

　임제스님은 휘(諱-이름)는 의현(義玄)이고 조주(曹州)의 남화(南華) 사람이시다. 속성(俗姓)은 형(邢)씨이다. 어려서 보통 사람보다 빼어나 특이하고 성장하여서는 효행으로 유명했다.
　출가하여 구족계(具足戒)를 받고서는 교종(教宗)의 강원에 있으면서 세밀하게 계율을 연구하고 널리 경(經)과 논(論)을 깊이 연구했다. 그런데 갑자기 탄식하고 말했다.
　"이것은 세상 사람을 구제하는 약방문에 지나지 않다. 교(教)밖에 근본 마음을 전한 종지(宗旨)는 아니다."
　바로 선종으로 개종하고 선지식을 찾아 행각에 나섰다. 처음에 황벽스님을 친견하여 참선하고 다음에 대우스님을 참견했다. 그 때의 기연의 어구(語句)는 행록(行錄)에 실려 있다. 황벽스님의 인가를 받고서는 바로 하북(河北) 지방에 가서 진주성(鎭州城)의 동남(東南) 모퉁이 호타하(滹沱河) 가까이 있는 작은 절의 주지가 되셨다. 그 절의 이름이 임제이니 강나루에 임(臨)한 지형을 따라서 이름 지은 것이다.

그때에 보화스님이 먼저 그 곳에 있어서 거짓 미친 것처럼 해서 대중 가운데에 섞여서 성인인지 범부인지 분간할 수가 없었다.

임제스님이 그곳에 가시니까 보좌했다. 임제스님이 교화를 왕성히 하자마자 보화스님은 온몸으로 가버리셨다.

이것은 소석가(小釋迦)라는 앙산스님의 예언과 똑같이 된 셈이다. 마침 전쟁이 일어나서 임제스님은 바로 거기를 버리고 가셨다.

장군 묵군화(將軍 默君化)는 성 안에 있는 자기 집을 기부하여 절을 만들고 역시 임제원(臨濟院)이라 이름 짓고 임제스님을 영접하여 계시게 했다. 뒤에 옷자락을 걷어 올리고 결연히 남방(南方)으로 가서 하북부(河北府)에 이르셨다. 부주(府主) 왕상시(王常侍)는 스승의 예로써 맞아들였다.

거기에 머무신지 오래지 않아 바로 대명부(大名府)의 흥화사(興化寺)에 오셔서 동당(東堂)에 계셨다.

임제스님은 앓지도 않고 갑자기 하루는 옷을 단정히 하시고 기대어 앉으셔서 삼성(三聖)과 같이 문답하여 마치시고 고요히 가셨다.

때는 당(唐)의 함통팔년정해(咸通八年丁亥, 서기 867) 정월 십 일이었다.

문인(門人)들은 임제스님 전신(全身)을 대명부(大名府)의 서북 모퉁이에 탑을 세워서 모셨다.

혜조(慧照)선사라는 시호(諡號)와 징영(澄靈)이라는 탑호(塔號)를 칙

령으로 받았다.

합장 예배하고 임제스님 전기대략(傳記大略)을 적는다.

진주보수사(鎭州保壽寺)에 주(住)하는 사법제자(嗣法弟子) 연소(延沼) 삼가쓰다.

鎭州臨濟慧照禪師語錄 終.